歴史に消された「18人のミステリー」

中津文彦

PHP文庫

○本表紙図柄＝ロゼッタ・ストーン（大英博物館蔵）
○本表紙デザイン＋紋章＝上田晃郷

序文

歴史は「必然」だ、と決めつけてはならない。消費税のアップもバブルの崩壊も、未来には「歴史」として残るのだが、われわれにとっては決して「必然」の所産ではなかった。支持するか否かは別にしても「選択」の結果だったことは間違いないだろう。

つまり、歴史は「選択の積み重ね」だろうと思う。だからこそ、過去の選択を分析したり検証することで、現代に生かすことが可能になるのではないだろうか。

個々の人生を眺めれば、もっとよくわかる。それぞれの節目に差しかかったとき、それぞれに進むべき道を選択してきたではないか。進学、恋愛、就職、そして結婚。その選択の積み重ねの結果、現在の自分がある。自分の人生は、神の意思によって導かれる必然的なものだと信じる人は別にして、である。

歴史が人間のつくるものである限り、人間たちの選択が幾重にも積み重ねられたものということになろう。その何よりの〝証拠〟は、歴史書に見ることができる。時の権力者たちは決まって歴史書を作ったが、そこには必ず改竄《かいざん》や粉飾、捏造《ねつぞう》が含まれているのだ。

自分の選択や判断に過ちがあったと認めるとき、それを正直に書き残すには絶大な勇気がいる。破局に終わった恋人の手紙は焼き捨てるのが人情だろうが、あるいはそれと似通っているかもしれない。功なり名を遂げた権力者にとって、過失を過失として記録することは耐えがたい苦痛なのだ。そうした痕跡は、「日本書紀」にも「吾妻鏡《あずまかがみ》」にも「徳川実紀《とくがわじつき》」にも数多く見られるのである。

その結果、歴史には謎の部分が残される。史実が正確に記されないのだから当たり前で、そこに歴史ミステリーという文芸の発生する余地が生まれるわけだ。意図的な改竄や捏造だけでなく、記録そのものの消失によって残った謎もむろん少なくないが、いずれにせよ、これらの謎は推理するしか解きあかす手だてがない。

本書では、平安から江戸末期までの歴史の中で、とくに「乱」の時代に登場した十八人について、評伝とともに謎として残された部分に焦点を当ててご紹介してみようと試みた。さまざまな人たちの「選択」によって歴史が作られてきたことと、彼らの「謎」がなぜ残されたのか、という点に関心を持っていただければ幸いである。

二〇〇三年　春

著　者

歴史に消された「18人のミステリー」 目次

第二章　戦国乱世のミステリー

第三章　幕末動乱のミステリー

第一章

源平争乱のミステリー

平清盛〈一一一八〜八一〉

優れた洞察眼の持ち主が、なぜ一門の行く末を見抜けなかったのか

清盛《きよもり》ほど評価の分かれる人物も、歴史上にそう多くはないだろう。驕《おご》りたかぶり、権勢をほしいままにした挙げ句に、一門を滅亡へと導いた愚か者。横暴の限りを尽くした独裁者。

そのような手厳しい見方がある反面で、彼の政治的な手腕や、きわめて合理的な経営能力などを高く評価する向きもある。あるいは、人間的な魅力を伝えるエピソードなども多く、その実像を正確につかむのはむずかしい。

さまざまな面でスケールの大きな人物だったことは確かで、運の強さや時代の流れを読む力もずば抜けたものを持っていた。情にもろいところがあり、頼朝や義経の命を助けたことが後の平家滅亡を招くのだが、それを清盛の〝欠点〟だったというのはあまりに酷だろう。

わからないと言えば、清盛の出自そのものもはっきりしない。

生まれは元永《げんえい》元年（一一一八）で、伊勢平氏の棟梁《とうりょう》である平忠盛の嫡男《ちゃくなん》、ということになっている。しかし、本当のところはどうやら白河法皇のご落胤《らくいん》だったらしい。忠盛は白河法皇に仕えており、法皇の愛妾《あいしょう》だった祇園女御《ぎおんにょうご》を妻にしたところまでは事実のようだが、そこから先の清盛出生に関しては、史家の説もまとまってはいない。

ただ、清盛の異例としか言いようのないスピード出世ぶりを見ると、ご落胤説もうなずけるような気がするのである。

清盛が生まれた当時、武士階級の身分はごく低いものでしかなかった。公家たちの目には、ほとんど番犬のような存在にしか映っていなかったと言っていい。

その役割は、内裏《だいり》の警備や地方の盗賊退治、年貢米の徴収や輸送業務などで、公家たちからははっきりと一段低く見られていた。

ところが、清盛はわずか十二歳で従五位下、左兵衛佐《さひょうえのすけ》に叙任され、上級公家の子弟でなければ出されなかった石清水八幡宮の舞楽に出演させられている。まさに、摂関家なみの扱いなのだ。

武士の子弟でこのような待遇を受けた者は、それ以前にはいない。何の手柄も立てずに叙位叙勲を受けたのも、きわめて異例のことだった。この後、清盛は十八歳で従四位下になり、合戦の体験もなしに出世街道をばく進することにやっかみの声も聞かれた。

清盛の父、忠盛は、十八歳のときに盗賊退治の大手柄を立て、従五位下に叙せられている。それを考えると、清盛は何の手柄を立てたわけでもないのに、同じ年で四階級も上の従四位下に叙せられた、ということの異常さがわかろうというものだ。

だが、忠盛は跡継ぎの清盛をもり立てることに懸命だった。

手柄もなしの叙勲はおかしい、という世の批判に対しては、自分が海賊退治をした手柄を息子に譲ったのだ、と説いて回った。

この当時の平家は、源氏に追いつき、追い越せという意欲を燃やしていた。次の棟梁となる清盛にかける期待も、その分だけ大きかったと言っていい。

その忠盛が五十八歳で亡くなったとき、清盛は三十六歳で平家の棟梁の座に就いた。そして、それから三年後に保元《ほうげん》の乱が起き、清盛は初めて実戦の場に身をさらすことになる。

この保元の乱で清盛が戦った相手は、源氏の棟梁、為義の率いる軍勢だった。

しかも、清盛の率いる平家勢が押し寄せた先には、源氏一党の中でも最も屈強なことで知られる為朝が守っていた。為朝の引く強弓の前に、平家の将兵は次々と倒されていった。

このときの清盛の戦いぶりが、その後の彼の生きかたを決定づけたような気がする。

当時の武将にとって、合戦場は最も大事な自己主張の場であり、命をかけた晴れ舞台でもあった。お互いに名乗りを上げ、作法に基づいて真剣勝負を繰り広げるのがふつうで、武門の棟梁ともなれば、その指揮能力も大きな評価の対象となるのだ。

ところが、為朝の手勢に立ち向かった清盛は、相手が圧倒的に強いとわかったとたんに、さっさと退却してしまったのである。

棟梁としての初陣にもかかわらず、清盛には死に物狂いで戦おうという気概はみじんもなかった。

命のやり取りなどは、下っぱの武士にやらせておけばよい。自分はその上に立って、政治や国家経営のことをやっていくのだ。清盛は、おそらくそんなふうに考えたのではなかったか。

脱サラならぬ〝脱武士〟に目覚めた清盛は、保元の乱を境に大きく変わっていった。

まず第一には、権力者との結びつきを強めていく。勝利者となった後白河天皇の側近、藤原信西《しんぜい》に接近して連携を深めていったが、その信西が三年後に起きた平治の乱で敗れると、今度はその勝者、藤原信頼《のぶより》に忠誠を誓った。

もちろん、これはあくまでもポーズでしかなかったのだが、それにしても、当時としては武士にあるまじきふるまいと人々の目には映った。信西が敗れれば、清盛はその仇を討つべき立場にあったからだ。

結果的には、ほどなく清盛の計略が功を奏し、信頼とこれを後押しした義朝を滅ぼすことに成功したのだが、それも決して信西の仇討ちということではなかった。あくまでも、己の権勢を獲得するためのものだったのである。

この平治の乱に勝利した後、清盛自身は正三位、参議に昇進し、いよいよ朝廷政治の中枢に躍り出る。信西の慰霊行事などには目もくれず、ひたすら権力集中を心がけていくのだ。

このとき、清盛は四十三歳だったが、翌年には権中納言に、さらにその翌年には従二位、その三年後には権大納言、その翌年に正二位、内大臣へと昇りつめ、さらに一年後には右・左大臣を飛び越えて従一位、太政大臣になった。

誰の目にも、異常な出世スピードであることは明らかだった。伊勢平氏の棟梁でしかなかった清盛は、五十歳にしてまさに位人臣《くらいじんしん》をきわめたのである。

こうした、言わば〝成り上がり者〟には、人を人とも思わない傲慢《ごうまん》さがよく見られるものだ。が、清盛にはそのようなところはなかった。

鎌倉時代になって書かれた「十訓抄《じっきんしょう》」(注一)という古書には、清盛の寛大さや情愛の深かったことが細々と記されている。

他人が冗談を言ったりすると、つまらないと思っても愛想笑いをする。家臣の過失などに、声を荒らげるようなことはしない。自分がふだんより早起きしたときは、身の回りの世話をする小者《こもの》を起こさないようそっと床を出る。

このように、源氏の世になって数十年もたって書かれたものとは思えないほどに、清盛の長所を詳しく紹介しているのである。

おそらく、人に好かれるタイプだったのだろう。人に好かれる、というのは、情にもろく、情に厚いタイプが多い。清盛も例外ではなかった。

平治の乱で義朝を破った後、その三男の頼朝を切らずに伊豆に流罪とした例がよく引き合いに出される。

このときは義母の池禅尼《いけのぜんに》の諫《いさ》めをいれてのことで、確かに情にほだされてのことだったらしい。

だが、その後、義朝の愛妾常盤《ときわ》が連れていた三人の幼児も助けたことについては、常盤の美貌に魅せられて、子の助命嘆願と引き換えに彼女をものにした、という説がもっぱら信じられているが、真相は少し違うようだ。

清盛の考えは、頼朝を助けたからにはそれ以外の子も助けるべきだ、というものだった。そうしなければ不平等になり、要らざる恨みをかう元にもなる。

統治者にとっては人望というものが大事であり、そのためには公平、平等を心がけなければならない。そう考えてのことだったという。

ただ、清盛が女性に甘かったのは確かで、常盤との助命取り引き説が広まったのも〝自業自得〟だったのかもしれない。

当時はやっていた白拍子《しらびょうし》という踊り子を次々と屋敷に引き入れ、飽きがくると放り出す、というようなご乱行が続いた。京都郊外の嵯峨野《さがの》には、清盛に捨てられて世の無常を感じ、尼となって余生を送った四人の白拍子の墓が残っている。

女好きの点はともかく。情に厚い一面は、平家の者たちを次々と高位高官に引き上げたところにも現れている。己の権勢をフルに活用して、身内の者たちが望むままに官位を与えていったのだ。

「平家物語」には、一門のうち公卿《くぎょう》（三位以上）が十六人、殿上人《てんじょうびと》が三十数人、さらに、全国の国司や代官などの高級官吏が六十数人と記されてあり、大盤振る舞いの感が強い。

まさに、平家にあらずんば人にあらず、というところで、これでは他人のねたみや恨みをかうのも無理はない。やがて、それが鹿ケ谷《ししがたに》事件や、以仁王《もちひとおう》の令旨《りょうじ》などを誘発する元になっていくのである。

清盛の言動を眺めると、他人をうらやんだり、ねたんだりすることのない、おおらかさを感じる。生来の性格に、育ちのよさも加わってのものだったのだろうが、それは長所であると同時に、大きな欠点でもあった。他人から恨みやねたみをかっていることに、気が回らないのだ。苦労人、と尊敬されるタイプとは、ここが決定的な相違だろう。

昨今の経済界の不祥事を見ていてつくづく感じるのは、参謀役の不在だ。社長、会長という人たちのワンマンぶり、独裁ぶりに歯止めをかける者が見当たらない。だから、暴走にブレーキがきかなくなるのだろう。

参謀は、指揮官を補佐するだけでなく、独自の戦略や哲学を持って指揮官に進言し、場合によっては諫《いさ》める役割を果たす。指揮官との間には、そうした役割を果たすだけの信頼関係を築くべきだし、指揮官のほうにも、その言を尊重するだけの度量と見識が求められるのだ。

したがって、たとえば次期社長を狙っている専務は参謀にはなり得ない。名参謀が見当たらなくなったのも、あるいは誰もがトップを目指す経営戦国時代のなせるわざなのかもしれない。

清盛にも参謀はいた。義弟に当たる時忠《ときただ》もそうだったし、嫡男の重盛《しげもり》も重要な補佐役を果していた。

重盛は次期棟梁の座を約束されている立場ではあったが、清盛が健在なうちは参謀に徹することが可能だった。そのへんが、現代の社長、専務という関係との違いであり、重盛の発言は常に大きな重みを持っていたのである。

たとえば、後白河法皇が比叡、南都の僧兵に清盛討伐を命じた、という情報が流れ、清盛は先手を打って比叡、南都に攻めかかろうとしたことがある。そのとき重盛は「平家と僧兵を戦わせる策だったとしたら、まさに墓穴を掘ることになりましょう」と諫め、結局清盛も思いとどまってことなきを得たのだった。

こうした例はいくつもあり、清盛が一門繁栄の舵取りを誤りなくやれたのも、重盛の力が大きい。

ところが、その重盛が四十二歳で病死してから清盛の言動がおかしくなった。人々は、自慢の嫡男を失った悲しみから激情にかられるようになったのだ、と見ていたが、それよりは直言できる者がいなくなったことのほうが影響していたように思われる。

重盛の死から一年八ヵ月後に清盛は亡くなるが、この間の暴走ぶりは確実に平家を滅亡へと導いた。後白河法皇の幽閉、福原遷都、南都焼き討ちなど、どれを取っても、重盛が健在だったなら絶対に阻止したであろう、と思われることばかりだ。

名参謀がいてこそ名指揮官が光るのだが、誰もが裏方に回るのをいやがる時代には望めそうもないのかもしれない。

（注一）「十訓抄」……和漢、古今の教訓的な説話を十項目に分けて収録したもの。建長四年（一二五二）成る。

■ 桓武平氏略系図

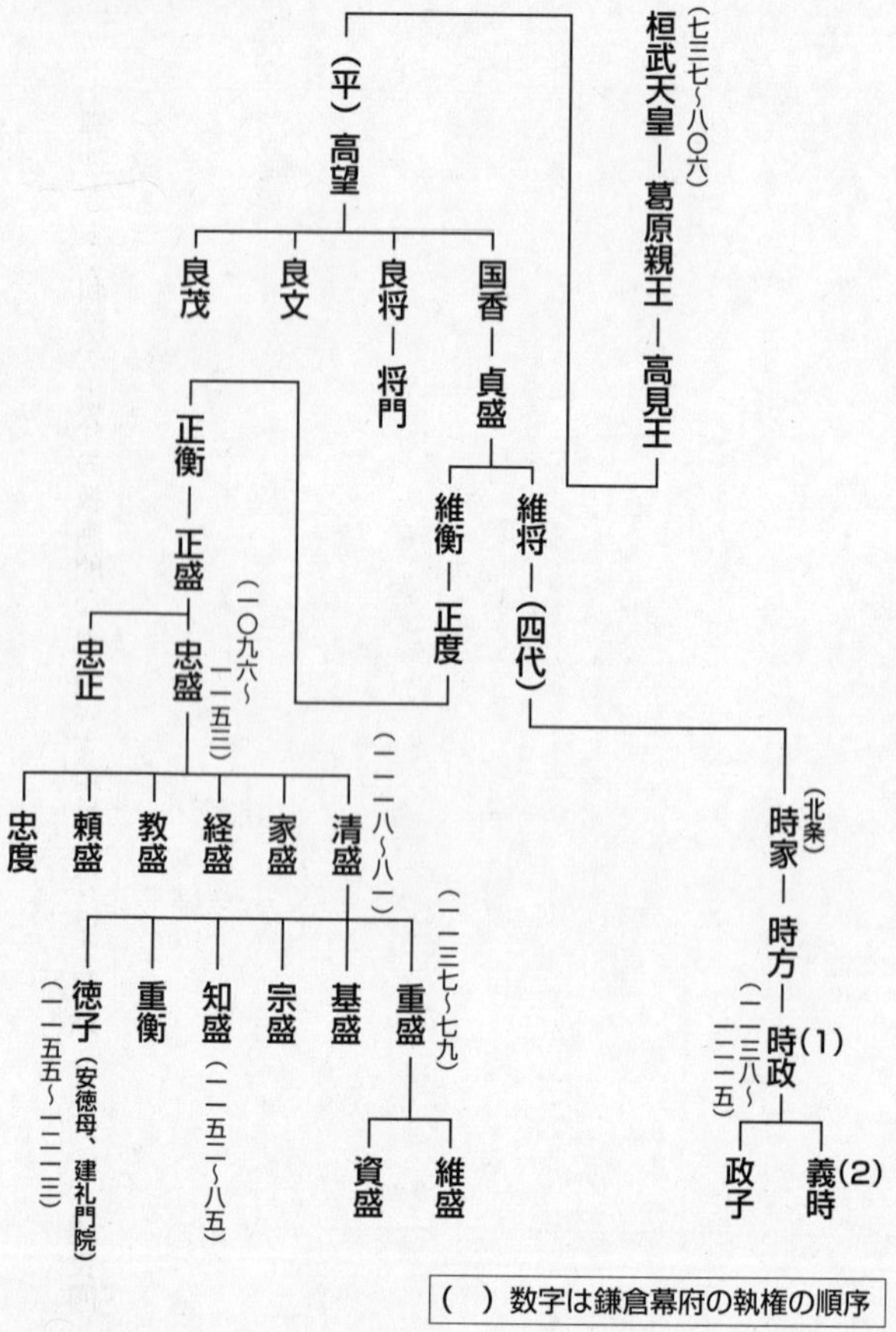
桓武天皇（七三七～八〇六）
葛原親王
高見王
（平）高望
国香
良将
良文
良茂
貞盛
将門
維将
維衡
（四代）
正度
正衡
正盛
忠盛（一〇九六～一一五三）
忠正
清盛（一一一八～八一）
家盛
経盛
教盛
頼盛
忠度
重盛（一一三七～七九）
基盛
宗盛
知盛（一一五二～八五）
重衡
徳子（安徳母、建礼門院）（一一五五～一二一三）
維盛
資盛
（北条）時家
時方
時政(1)（一一三八～一二一五）
義時(2)
政子
（　）数字は鎌倉幕府の執権の順序

源義朝〈一一二三～六〇〉

ライバル平家の覇権を、やすやすと許してしまったのはなぜか

歴史に名を残した人物には、ライバルと目された相手のいた例が多い。ライバルのおかげで頭角を現すことができた、と言ってもいいケースもある。

とくに、武将や政治家の場合には、争う相手に恵まれることが名を残すための重要な要素となる。源義朝《よしとも》と平清盛という二人も、まさに絵に描いたようなライバル同士だった。逆説的な言いかたをすれば、義朝がいたために、清盛はあれだけの平家全盛の栄華を築けた、と言えるかもしれない。

義朝は源氏の、清盛は平家のそれぞれ棟梁の座を継ぐべき嫡男として生まれ、それだけでもライバル意識は十分にあったのだが、時代がちょうど平安末期の動乱期に差しかかっていたことがよりいっそうその意識を煽《あお》ったことになる。

だが、ライバルとは言っても、もともと源氏と平家の出自は同じで、奈良朝から

平安初期に盛んに行われた賜姓《しせい》皇族である。その祖をたどれば同じ皇統へとつながっていくのだが、その後の系譜がともに武士階級で名を成したために強く対抗意識を燃やす間柄となったのだ。

賜姓皇族というのは、あまりに皇族が多くなって皇室経済が極度に悪化したために、姓と領地を与えて臣籍に入れたものである。つまり、支配階級から被支配階級へ下して皇族の整理を図ったわけだ。

とくに、平安時代の幕を開けた桓武《かんむ》天皇は、皇族整理を積極的に進め、延暦《えんりやく》二十四年（八〇五）には一度に百一人も臣籍に下したことがあるほどだった。

こうした賜姓皇族は、その後武士階級へと発展したものや、公家社会に残ったものなどに分かれたが、与えられた領地を経営して武士階級へと進んだものの中で、源氏と平家が二大勢力となっていったのである。

源平両氏ともにその系譜は多数あり、どれが正統な嫡流かはその時の力関係にもよったものらしいが、義朝の出た清和《せいわ》源氏は平安中期より棟梁の座を確保し、その後も武士階級全体の中でもトップの地位を維持し続けてきた。

義朝が生まれたのは保安《ほうあん》四年（一一二三）。押しも押されもせぬ武門の棟梁の嫡男として、幼いときからその座を継ぐことを意識して成長しただけに、誇りと同時に、どうしても驕りと増長もあった。

それが、昔も今も変わらない「跡取り」というものの弱点なのだろう。

清和源氏は、第五十六代清和天皇の第六皇子、貞純《さだずみ》親王の子、経基《つねもと》を始祖とする。義朝は、この経基から数えて八代目に当たる。

父、為義《ためよし》が二十八歳のときの長男で、母は京都の武人の娘だったが、なぜか東国で育った。

この氏族は河内地方に勢力を伸ばし河内源氏と称していたが、もともとは東国を基盤としていた。義朝はそれを受け継ぎ、さらに発展させた中興の祖と言っていい。

成人した義朝は、鎌倉に腰を据え、関東各地でしきりと起こっていた武士たちの所領の境界争いを裁き、その紛争解決の手腕をもって東国武士を服従させていった。

後に息子の頼朝《よりとも》が鎌倉幕府を開くさいに、真先に公文所《くもんじょ》、問注所《もんちゅうじょ》といった機関を設けたのも所領争いを裁くためだった。

この「所領安堵」を支配権力の中枢に据えた、という意味では、武士政権の原型を作ったのは義朝だったと言うことができよう。

土地の境をめぐる紛争というものは、どう裁いても双方ともに満足する判決を下すことは無理なのだ。

それを収め、納得させるために何よりも必要なのは人望だった。武力の背景も必要だったが、誠意や正義感、公平さなどが多くの人々に認められていなければ裁きをつけることはできなかった。

義朝がそうした人物だっただろうことは、後に頼朝が兵を挙げたさいに多くの東国武士が続々と結集したことでも想像がつく。

流人《るにん》でしかなかった頼朝自身がそれほど慕われていたとは思われず、平家の圧政への反発だけで、あれだけの大兵力が集まったはずもない。父親の〝遺産〟がいかに大きかったか、ということが証明されたものとみていいだろう。

この鎌倉在住の当時、義朝は子の義平に命じて実弟の義賢《よしかた》を攻め滅ぼしている。

事件の真相や背景ははっきりしないが、義賢は不法殺人や年貢未納などを何度も引き起こし、そのたびに官職を解任された男だ。

その義賢が武蔵国の豪族に婿入りして間もなく事件が起きたのだが、あるいは義朝にとって、他の者たちの手前見逃すことのできない不正が発覚したのかもしれない。この事件で義朝に非難が集まった、という史料もなく、それ以後義朝の人望が失われたという史実も見当たらないだけに、そう思えるのである。

人望や信頼、というものは、一度失うと取り戻すことがむずかしい。だからこそ、価値があるのだ。

関東に大きく勢力を張った義朝は、仁平《にんぴょう》三年（一一五三）鳥羽法皇の抜擢を受けて従五位下、下野守《しもつけ》に叙任された。三十一歳の義朝は、ようやく日の当たる場所に躍り出ようとしていた。

父親の為義は宮仕えの下手なこともあり、源氏の棟梁でありながらろくな官職にも就けずにいた。それだけに、新星義朝には、一族の大いなる期待が集まっていたのである。

義朝が抜擢された背景には、紛争の絶えなかった東国に平穏を取り戻した功績と同時に、妻の実家である熱田大宮司《あつただいぐうじ》家のバックアップもあり、以後はしだいに京都の中央政界での地歩《ちほ》固めに精を出していく。

そうした折りに起きたのが、保元の乱という、中央政界のすべてを巻き込んだ大騒動だった。

保元元年（一一五六）、時の権力者だった鳥羽法皇が亡くなったとたんに、いくつもの対立抗争が噴き出した。

まず、皇太子問題で後白河天皇と崇徳《すとく》上皇の対立が表面化し、摂関家の藤原忠《ただ》通《みち》、頼長《よりなが》という兄弟間の陰湿な権力争いも激化した。

その詳細は紙幅の関係で省略するが、後白河天皇と忠通、崇徳上皇と頼長が結託《けったく》することになり、双方ともに兵を集める事態となったのだ。

京の市中を早馬が飛び回り、源氏、平家の各武将たちには双方から招集令がかかった。

天皇対上皇の争いという異常な戦いであり、しかも二人は鳥羽法皇を父とし、母も同じという兄弟でもある。ただし、それは形の上だけのことで、崇徳上皇の父は鳥羽法皇ではないと公然とささやかれていたから話はややこしくなるが、とにかく武士たちはどちらにつくべきか、迷いに迷った。

その選択の判断基準は、人それぞれだった。

義理を重んじる者もいれば、利害打算に走った者もいた。鳥羽法皇の崇徳上皇に対する仕打ちがあまりにもひどかったというので、情にほだされた者もいた。

こうして、源氏も平家も二派に分かれてしまったのだが、義朝はいち早く後白河天皇側に立つことを明らかにしたのである。

このときは、清盛もともに天皇側に立っている。義朝は源氏の棟梁予定者であり、清盛は三年前に父忠盛《ただもり》の死によって平家の棟梁の座についたばかりだった。若い二人の武将が天皇側についたことは、戦況を決定的なものにした。

保元の乱の戦いは、大騒動のわりにはたった一夜の攻防であっけなくけりがついた。後白河天皇側の勝利に終わり、上皇側は散々に敗れ去ったのである。

崇徳上皇は捕らえられ、後に讃岐に流罪となって恨みのうちに亡くなった。頼長は流れ矢に当たって負傷し、敗走の途中で死んだ。

源氏は、父の為義をはじめ義朝以外の主だった武将の多くが上皇側につき、敗戦後に降伏したが斬首の刑に処せられた。

一方の平家でも、清盛の叔父の忠正《ただまさ》などが上皇側につき、これも首を斬《き》られたが、総じて人的損害は源氏のほうが大きかった。

為義は、かつて頼長に臣従していたことがあり、上皇の懇願もあって味方についたのだが、義朝にはそうした義理、人情よりも、後白河天皇こそが次代をになうにふさわしいお方だという判断があった。

清盛も同様で、その目があったからこそ、天皇側についた武将たちは、苦戦しながらも勝つことができたと言っていい。

それは、合戦の各場面にもよく現れている。

例えば、義朝は、恐れ多いと反対する声を振り切って、上皇のこもる白河殿《どの》に夜襲をかけ、最後には火を放って勝利のきっかけを作っている。

清盛も、為義の八男為朝《ためとも》が守る門に攻め寄せたが、為朝の強弓に部下たちがばたばたと倒されるのを見ると、さっさとここを引き上げて別の門に攻めかかった。

武士の体面や意地などよりも、いかにこの合戦を勝利させるか、という大目標を忘れていなかったということだ。

こうして義朝は、父をはじめ多くの身内を失いながらも大きな功績を上げ、正五位下、左馬頭《さまのかみ》に任じられ、昇殿を許された。

だが、この論功行賞は義朝にはいささか不満だったらしい。というのも、清盛のほうは正四位下、播磨守《はりまのかみ》に昇進したからだ。

もちろん、それ以前の官位が違うのだからやむを得ないのだが、戦功は明らかに自分のほうにあると思っていただけに、内心では納得しがたいものを感じていたのだろう。

この不満がくすぶり続けて、三年後の平治《へいじ》の乱で噴出することになる。為義の死によって源氏の棟梁の座についたことも、義朝の驕りや傲慢さを促したのかもしれない。

ライバルが小さく見えるようになるのは、決して自分が大きくなったからではなく、増長してきたせいだと自戒したほうがいい。

政治家が、時として不可解な動きを見せるのは、今の永田町も昔の平安京も変わりはない。保元の乱の後にもそれが見られ、せっかく落ち着いた政界がまたも騒然となったのである。

乱から二年後、後白河天皇はなぜか突然退位して上皇となり、二条《にじょう》天皇に位を譲った。

二条天皇は十六歳になっており、譲位も不自然なことではなかったが、後白河上皇は政権まで譲るつもりはなく、そのまま院政を開始した。混乱は、そこから始まったのだ。

もともと、院政というのは不自然なもので、朝廷の中にも反対論が根強くあった。院政は、七十余年前に白河上皇が摂関家から政権を奪い返すために始めたものだっただけに、公家たちからは反発があって当然だった。

だが、現実問題として院政が始まれば、その権力に群がる者が出てくる。そうした中に藤原信頼と藤原信西というしたたかな公家がいた。

二人とも後白河上皇の側近で、院政の中枢にあってしだいに権力闘争が激しくなっていった。

権力欲のかたまりのような信西は、信頼とその一派だけでなく、多くの公家からも反発をかっていた。だが、清盛だけは違った。

彼らは、お互いに利用価値を認め合っていた。信西は清盛の武力を、清盛は信西の政治力を、という具合にである。

この共存体制を見て、義朝が憤りを感じないはずはない。保元の乱後の論功行賞も信西が取り仕切ったものとわかり、ますます憎悪をつのらせたのだ。

こうして、義朝は信頼一味の反信西派に加担することになり、信西、清盛をいっきょに倒そうというクーデターを決行した。それが平治の乱である。

平治元年（一一五九）十二月の初め。清盛が熊野詣でに出かけた留守に、信頼と義朝は信西を襲って首をはね、天皇、上皇を抑えてあっさりと政権を握った。が、清盛は直ちに取って返し、いったんは信頼に服従するふりをしながら天皇を救出し、信頼・義朝追討の宣旨《せんじ》を得て逆襲に転じたのだ。

この不意打ちで源氏は敗れ、義朝は、親子、主従わずか数騎で東国へと逃れる途中で討たれ、三十八歳の生涯を終えた。

あまりにも清盛を敵対視しすぎたことが義朝の破滅を招くもとになった、と言っていいだろう。

ライバルは、葬り去ろうとするのではなく、大事にすべきものなのだ。

■清和源氏略系図

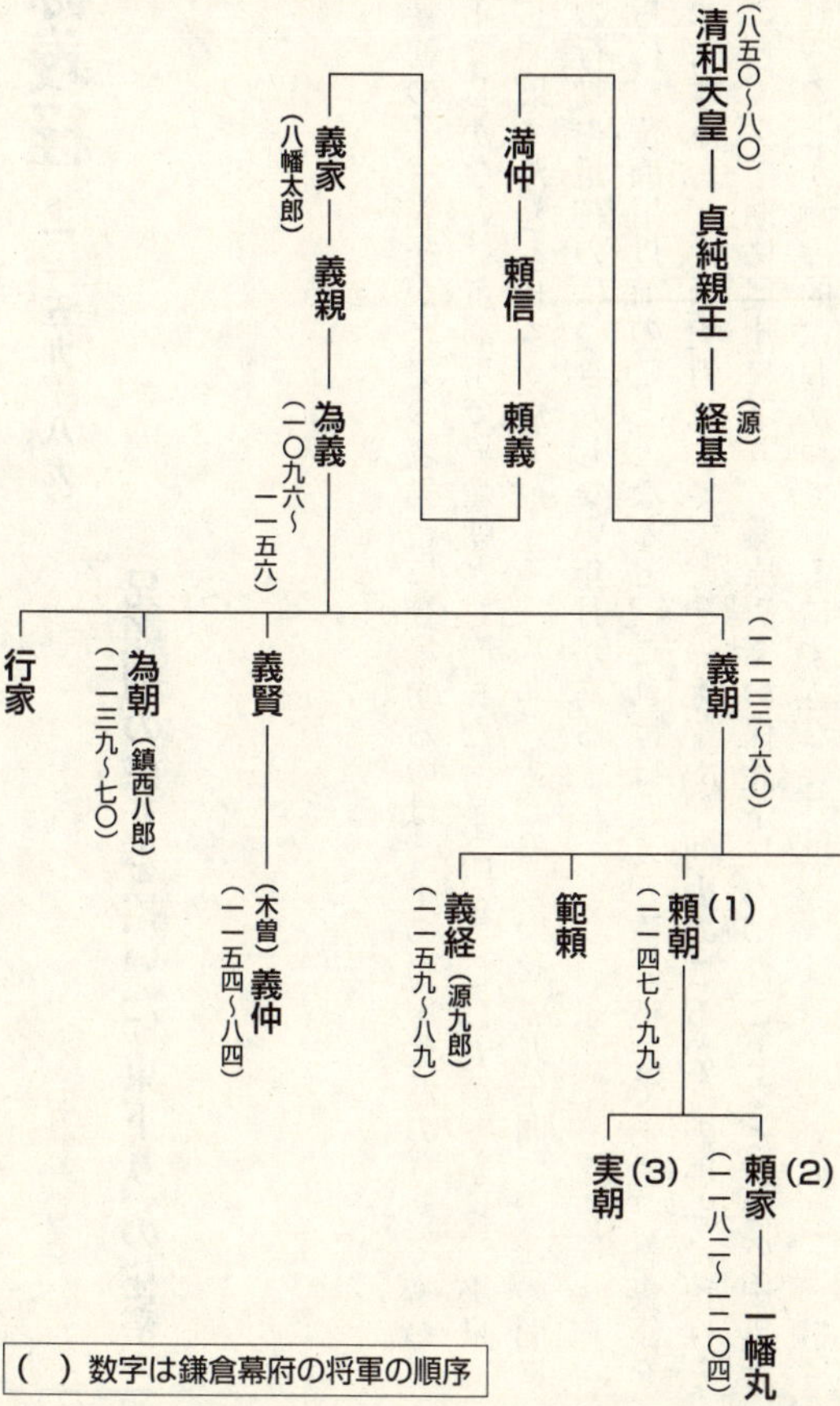

（　）数字は鎌倉幕府の将軍の順序

源義経〈一一五九～八九〉

兄頼朝の怒りを招いた"東下り"の秘密

源義朝の子、義経《よしつね》が歴史の表舞台に登場するのは、その短い生涯のうちでもわずか数年でしかない。黄瀬川《きせがわ》で兄頼朝と対面した治承《じしょう》四年（一一八〇）から、平泉で自害して果てたとされる文治《ぶんじ》五年（一一八九）までのせいぜい九年間で、この間にもその行動や足跡のはっきりしない年月がある。

さらに、黄瀬川以前のこととなると、これはほとんど霞の彼方である。吾妻鏡をはじめとするわずかな史料によって、その生年や、幼少のころから鞍馬寺《くらまでら》に預けられたこと、少年期に奥州に下り、藤原秀衡《ひでひら》の保護下にあったことなど、ほぼ史実と思われることが断片的にわかっているにすぎない。

平家を滅ぼした男、として永遠にその名を歴史に残すことになった人物にしては、あまりに多くの謎に包まれているが、中でも最大の謎はその最期がはっきりしないことだろう。吾妻鏡に記載されてあるように、はたして本当に平泉で自害して果てたのかどうか。北行伝説を信じる、信じないは別にしても、この最期を百パーセント間違いないことだ、と断言できる人はいないのだ。

　そして、もう一つ。これに匹敵すると言ってもいいほどに大きな謎がある。

　それは、少年期になぜ奥州平泉の藤原秀衡を頼って落ち延びていったのか、ということだ。東下り、と呼ばれているこの一件の真相が明らかになれば、義経の生涯にまつわる多くの謎がほとんど解明されるのではないか、とさえ思われるほど重要な意味を持っているのだ。

　なぜ頼朝はあれほど執拗に義経を迫害し続け、抹殺しようとしたのか。そこには明らかに嫉妬の炎さえ感じられるのだが、それを解くカギも、実は東下りの秘密に隠されているような気がしてならない。

　義経が京の鞍馬寺を抜け出して奥州に下ったのは、十六歳ごろのことだったと推定されている。乳飲み子で平家に捕らえられた義経は、将来は出家して仏門に入ることを条件に生命を助けられ、鞍馬寺に預けられたのだが、成長してからも剃髪を拒み続け、そのまま脱走したものらしい。そして、奥州の地でほぼ六年間をすごした後、兄頼朝の挙兵を知ってまっしぐらに黄瀬川へと駆けつけたわけだ。義経が二十二歳のときのことだった。

この鞍馬寺脱出が、義経の〝単独犯行〟だったのか、何者かの手引きによるものなのか。謎の第一点はこれだろう。

義経が剃髪を拒み続けたのは、父義朝を討った平家への復讐の念に燃えていたからだが、そこから脱走劇へとどう飛躍したのか。歴史家の見方も実はさまざまに分かれている。

単独説によると、義経は鞍馬寺を抜け出した後、平家の監視が厳しい京都市中を避けて地方へと流浪の旅に出、つらい労働をしながら旅を続けて奥州の平泉にたどり着いたもの、と推定する。

だが、義経が平泉に到着したことは頷けるとしても、秀衡がなぜこれを受け入れたのか。単独説ではその謎を解くのがむずかしい。

秀衡は奥州の独立性を保持するため、平家や朝廷との付き合いに細心の気配りをみせていた。その秀衡が、脱走してきた源氏の子と知って無条件にこれを匿《かくま》ったとは考えにくいのだ。かといって、もしその身元を知らなければ保護などするはずもないのは当然である。

義経が平家への復讐の念に燃えていた、ということと、秀衡が義経を温かく迎え入れた、という二つの条件を充足できる説明でなければこの東下りの謎は解明できない。秀衡はおそらく義経の胸中を知っていたのである。知っていてこれを匿った、というところが大きなカギだろう。そう考えると、どうも義経の単独説は支持しにくいものがある。

この単独説に対して、何者かが手引きして義経を奥州に案内した、とする見方がある。

手引き者としては、第一に金売吉次《かねうりきちじ》の名が上げられている。秀衡の腹心の部下だった吉次は、京都と平泉を頻繁に往来する商人であると同時に、奥州王国の情報将校の一人でもあった。その吉次が義経の立場と胸中を知っていて密かに平泉へと案内した、ということになれば、秀衡がこれを温かく迎え入れ、保護したことも納得できよう。

しかし、義経を匿うことは、平家との関係を考えれば危険を伴うことであり、それを承知でなぜ秀衡が踏み切ったのか。秀衡が義経連行を吉次に指示したのか、あるいは吉次が独自の判断で平泉へと案内し、秀衡に事後承諾を求めたのか。そのへんも疑問点として浮かんでくる。秀衡にとって義経保護のメリットは何だったのか。そして、そのメリットから対平家のデメリットを差し引いてプラスになると判断したのかどうか。

この当時、秀衡にとって少年義経を匿うことのメリットはほとんど考えられない。もしあったとすれば、それは義経を匿うことで何者かに恩義を売ることができたか、あるいは義理をはたせたか。そうしたことぐらいしか考えられない。

先々代の清衡《きよひら》に加勢、助力した源義家《よしいえ》への恩返しとして義経を匿ったのだ、とする源氏への報恩説。あるいは少年義経の不遇を哀れんでのことだった、とする人情説もあるが、説得力には欠けるような気がする。秀衡は、数十万人の奥州住民を抱《かか》える支配者であり、その繁栄と安泰を保つのが最大の使命と心得ていたはずだ。義理、人情だけで、あえて火中の栗を拾っただろうか。優れた政治家だった秀衡は、もっと冷静に現実を直視する人物だったような気がするのである。

手引き説とはやや異なるが、母親の常盤がそっと手を回したのではないか、とする説もある。

剃髪を拒み続ける息子に気をもんだ常盤が、再婚した夫である藤原長成《ながなり》に頼み込んだ。長成の従兄の子が藤原基成《もとなり》であり、この基成の娘が秀衡の正妻の座におさまっている。しかも、基成の弟の藤原信頼は、平治の乱を起こした主要人物の一人であり、源義朝はこのために破滅した。そうした関係を考えると、義経を預かってほしいという長成の要請を基成は断れなかったはずであり、秀衡も義父である基成の頼みを承諾せざるを得なかったのだろう、という見方である。

複雑な平安期の人間関係を解きほぐしていって導き出された説であり、母の苦悩が根底に感じられて他の諸説よりは納得させられる。ただ一つの疑問点は、もしこうした裏工作によって実現した奥州行きだったとしたなら、肝心の義経がはたしてそれを受け入れ、その後黙って六年間も平泉に留まっていただろうか、ということだ。

この場合、秀衡は義経の平家への復讐心をなだめこそすれ煽り立てたはずはない。火の玉のような少年をやむなく預かってはみたものの、下手なことをされたら自分も危険な目に遭うからだ。しかし、そうした秀衡に反発を覚えれば、義経は勝手に平泉を飛び出したのではなかったか。

義経の復讐心を承知していて匿った、という秀衡の態度を説明しようとすると、野心説と保険説が浮上してくる。秀衡自身が将来義経を擁して平家に代わる政権を中央に樹立しよう、という野心を抱いていたか。あるいは、将来、源氏が必ず再興を期して打倒平家に立ち上がる。そう読んでいた秀衡は、源氏が勝利を収めたときのために義経を保護し、強い立場を築いて奥州の安泰を図ろうとしていた。つまり、秀衡は保険をかけていたのだ、という説である。

奥州の独立性を堅持するために、秀衡は常に細心の注意を払っていた。表向きは中立政策を掲げながらも、中央を支配している平家には贈賄工作を怠らない。そうしたしたたかさを考えると、保険説には大いに頷けるものがある。

秀衡自身に、中原に覇を唱えようという野心はおそらくなかっただろう。それは、その後の頼朝挙兵から平家滅亡にいたるまでの秀衡の動きからも証明される。

このようにみてくると、義経を保護したのは、何者かに売り込まれた保険を秀衡が買った、ということになりそうなのだ。

平家全盛の世にあっても、今にみておれ、と歯嚙みして再興を目指していた源氏の者たちはきっといたはずだ。歴史は、常にそういう者たちの〝歯嚙み〟から動き始めるのだ。その彼らがまず手がけたことの一つに、旗頭《はたがしら》の確保があったと思って間違いない。戦は旗頭がいなければできない。烏合の衆が何万集まっても、それだけでは戦力とはならないのである。

当時、源氏の旗頭になり得る人物、つまり棟梁の血を引いている者たちは、いずれも平家の厳重な監視下にあった。頼朝は伊豆に流されていたし、義経と同腹の兄たちのように出家させられた者もいた。義経も鞍馬寺に押し込められていたのだが、年少でもあり、監視は比較的緩やかだったとみていい。おそらく源氏の者たちは、そこに目をつけたのではなかったか。

つまり、彼らが鞍馬寺から義経を密かに連れ出した〝真犯人〟であり、その先の奥州行の段取りまですべて用意していたと思われるのだ。何らかの伝《つて》を求めて、吉次に渡りをつけ、秀衡を説得できるだけの使者も用意した。あるいは、かつて平家に反旗を翻した藤原信頼の縁故を頼って、平泉にいる基成も動かしたかもしれない。おそらく、あの手この手の裏面工作が行われたのだろう。

きたるべき日のために、旗頭とすべき義経を密かに隠しておく場所としては、奥州しかなかった。そこまでは平家といえども手が出せない。従って、彼らの最大の努力は、とにかく「秀衡の了解を得ること」に注がれたとみていい。

彼らを動かした黒幕がいったい何者だったのか。残念ながら、その存在を推理する手がかりはほとんどない。だが、西行という人物に、実は重大な関心を持たざるを得ないわけがある。

若き日の西行は、御所を守る北面の武士として華やかな階級に属していたのだが、ある日突如として出家し、京都を後にした。その不可解な行動の背後には、おそらく平家との言い知れぬ葛藤があったのではないか、と思われるふしがあるのだ。

そのことから激しい復讐心を燃やしたとしても、執拗な内省型の性格の彼は、徹底してそれを隠し通したのではなかったか。素知らぬ顔をして歌詠みの道に精進しながら、源氏党の者たちを動かして、思いもよらない謀略を着々と実行に移していったのではなかったか。そんなふうな〝疑惑〟を覚えさせてくれる人物なのだ。

西行は出家して間もないころに平泉を訪れており、若かりし秀衡と親しくなった。いわゆる肝胆相照《かんたんあいて》らす仲になったらしい。そして、文治二年（一一八六）に再び平泉を訪れるのだが、これは義経が尾羽《おは》打ち枯らして逃避行を続けている最中のことだった。

当時、義経が兄頼朝の追及から逃れて落ち行く先は、平泉しかなかった。その先回りをする形で、六十九歳という高齢の西行が秀衡を訪れたのはなぜだったのか。そこには大きな謎を感じるのである。

それは後の話になるのだが、復讐劇の筋書きを打ち明けられ、少年義経の庇護を求められた秀衡は、源氏台頭への保険としてこれを受け入れたのではなかったか。時代の動向を見抜く、鋭い眼力を備えた秀衡ならではの買い物だった。

義経は温かく保護され、十分に平家への復讐心を燃やし続けることができた。そして、源氏の工作隊の者たちは、密かに各地の源氏党を訪ねてはきたるべき日の青写真を説いて回った。つまり、源氏党の主だった者たちは、いずれ挙兵の暁には〝御曹司《おんぞうし》〟義経を旗頭にするつもりでいたのだ。

ところが、源頼政《よりまさ》という老人と以仁王という不平皇族のために、歴史の歯車は別の方向に回転を始めた。勝ち目もない戦に頼朝が無謀な決起をしたことが、それに拍車をかけた。反平家の狼煙《のろし》は、思いがけないところで上がったのである。

源氏党の者たちは目を剥いた。が、みるみる広がる反平家の炎を目の当たりにして、結局頼朝を担いで結束していくことになる。頼朝のほうが兄であり、れっきとした源氏の嫡流である。旗頭とするのに誰も異論のあろうはずはなかった。

だが、実際の平家殲滅戦は皮肉なことに義経が先頭に立って行われた。源氏党の間ではヒソヒソ話が交わされたであろう。やっぱり義経のほうが戦闘指揮官としては能力が上だとか、父義朝の豪放さは義経のほうがよく受け継いでいるとか、何かにつけて頼朝との比較がなされた。そうしたことが耳に入って、本来なら義経が旗頭に担がれる予定だった、ということを頼朝は初めて知ったのではなかったか。自分が流人だった頼朝のもとには、源氏党の工作隊が近づけるはずもなかった。自分が旗頭となるべき唯一の存在だったと確信していただけに、義経のことを知ったときの衝撃は大きかっただろう。そう想像すると、その後の義経に対する執拗なまでの仕打ちも頷けるような気がするのである。

義経には人望もあった。自分に取って代わる存在になるのではないか、という危機感を頼朝が強めたとしても当然だった。自分が源氏の棟梁であり続けるためには、義経を死に追いやるまで気を許すことができなかった。それは、源氏党の者たちがみんな知っていた〝事実〟に、怯えていたからだったのではないか、と思われるのだ。

藤原清衡〈一〇五六～一一二八〉

奥州に独立王国を建設できたわけ

奥州平泉の花便りは、四月の末になる。

かつて西行が「吉野のほかにこのような桜の名所があったとは」と、感嘆の歌を詠んだころの面影はないが、梅も桜もいっせいに咲きそろうこの季節は、その昔みちのくに栄えた絢爛《けんらん》たる都の往時を偲ばせてひときわ華やぐ。

平安時代の末、文治五年（一一八九）に滅びるまでの数十年間、この地には京都に次ぐ日本第二の大都市が繁栄を誇っていた。

十万を超す人口を擁し、ぜいを尽くした支配者たちの邸宅や寺院群、堂塔伽藍《がらん》が立ち並ぶ。建築、工芸、仏教美術などの先端技能者を、金にあかして数多く集めたればこそできた都市造りだった。

道ノ奥、と呼ばれた辺境の地に、ある強固な意思をもってこの新興都市造りを進めたのが、藤原清衡《きよひら》という人物である。

清衡こそは、史上まれに見る大政治家だった。このとき彼が描いた構想や、用いた手法などには、驚嘆すべきスケールの大きさが窺える。

清衡は、なぜこれだけの都市をこの地に建設できたのか。そのことに思いを馳せると、ただ一つ今に残る金色堂《こんじきどう》の輝きもまた、新たな感慨をもって迫ってくるのである。

古く、大和政権が誕生する以前から、奥州には多くの先住者たちが暮らしていた。だが、天皇を中心とする朝廷政治を確立した大和側は、彼らを蝦夷《えみし》と呼んで蔑視し、征服をもくろむようになる。

平安朝の始まった前後、朝廷は何度も征討軍を派遣し、三十年余りにわたって両者の間には大規模な合戦が繰り返された。

蝦夷の側からすれば、これは明らかに侵略戦争であった。

必死の抵抗戦線はその度に朝廷軍を撃退し、侵略を許すことはなかった。が、朝廷側のほうが役者が一枚上だった。武力征服を諦めると、今度は懐柔策に出た。そして、しだいに実質的な支配体制を固めていったのである。

大和側が奥州征服にこだわったのは、領土拡大の野心もあったが、この地で金《きん》が産出するとわかったためだ。産金が確認されたのは八世紀の半ばで、征討軍の派遣はその直後から本格化している。

大和側の領土で金が産出したことはなく、仏像などに塗布する金は、それまではきわめて高価な輸入品だった。金が採れるとわかって、何が何でも奥州を支配下に、と考えたのも無理はない。

朝廷側の支配がおよぶようになっても、純朴な蝦夷はじっと耐えて時を過ごしたが、圧政が続くと時には小爆発を起こした。そうした繰り返しの末に、いつしか双方の間には暗黙のルールが形作られていった。

ある川を境界線として、蝦夷の自治区を認める。どうしても朝廷側の直接支配を嫌う者たちは、一定の義務を果たしさえすれば、その区域内で自由に暮らしていける。そういうルールだった。

一定の義務とは、朝廷側の徴税基準をクリアするだけの金や物産品などを貢納すること、だったと考えていい。北方に深くつながりを持つ彼らは、海豹《あざらし》の皮など珍しいものも貢納することができたから、朝廷側のメリットも大きかったのだろう。

その境界線となった川を、衣川《ころもがわ》という。

大河、北上川に、ちょうど奥州を南北に二分するあたりで西から流れ込む。この衣川から北を奥六郡《おくろくぐん》と呼んでおり、これが蝦夷自治区として認められた地域だった。この奥六郡に、いつごろから朝廷側の直接支配がおよばなくなったものか。定かにはわからない。十世紀の後半、安倍《あべ》氏という一族が奥六郡の蝦夷を統括する首長の地位にのし上がってくるが、あるいはその前後だったのかもしれない。

こうして、暗黙の協定ライン（衣川）を挟んで平穏が保たれていたところへ、波風を立てたのが源氏である。安倍氏を挑発して戦さに巻き込み、これを破って奥六郡を手に入れようという野望を燃やしたのだ。

十一世紀の半ば。源氏は、前九年の役《えき》という合戦を引き起こして安倍氏を滅ぼし、その後継の座に就いた清原氏を、再び後三年の役と呼ばれた合戦で滅亡に導いた。

まさに源氏の思うつぼ、となったのだが、この露骨な野望を朝廷は危険と見た。あまり大きな勢力になられると、操縦しにくくなるからだ。源氏の棟梁、源義家《みなもとのよしいえ》が期待した奥六郡の支配権は〝認可〟されず、多大の犠牲を払った義家は悄然《しょうぜん》と京都へ戻った。

奥六郡には、統率者がいなくなった。

支配階層でただ一人残ったのが、清衡だった。が、彼も正規の統率者の座に就ける立場にあったわけではない。

安倍氏の血を引きながら清原氏の中で成長した清衡は、嫡流《ちゃくりゅう》とは認められなかった。ただ、後三年の役は清原氏の内紛から始まっただけに、一族の主だった者たちはすべて亡くなり、清衡だけが生き残ったのだった。

ここから、清衡の覇王への道が始まる。

寛治《かんじ》元年（一〇八七）、後三年の役が終わったとき、清衡は三十二歳。この後の半生四十年間に、彼は一大都市を築き、多くの寺院群を建立し、奥州王としての地位を確立した。

その覇権獲得のキーワードは、金、衣川、そして仏教の三つである。

奥州の豊富な産金を存分に使ったことは、周知の通りだ。宋版一切経《いっさいきょう》（注二）を輸入するのに十万五千両という金を支払った、などという話がいくつも伝わっている。砂金で四トンだという。驚くべき財力と言わざるを得ない。

衣川の歴史的背景と重要さは、先に述べた。

この流れを境にして、蝦夷の自治区は認められていた。逆に言えば、蝦夷は衣川以北に押し込められていた、ということだ。

もともと、蝦夷は関東地方までも広く住んでいたのだが、しだいに北へと追い上げられていったのだ。

だが、朝廷側にすれば、奥六郡の自治権を黙認してやっているのだ、という思いがある。一方の蝦夷の側には、侵略され続けてきたことへの根強い不満があった。両者の認識の決定的な違いは、ここにあった。

前九年の役の最中、優勢に立った安倍軍が衣川を越えて大きく南下したことがある。このとき、清衡の父親の藤原経清《つねきよ》は、こう叫んで回った。

「これからは赤符を用いてはならん」

赤い国印の押してある朝廷側の徴税票は、以後は無効だ、と人々に触れたのだ。経清は蝦夷ではなかったが、安倍氏の娘を娶《めと》った男で、赤符無効の触れは蝦夷の失地回復宣言、暗黙の協定ラインを破ったものとして源氏側から睨《にら》まれた。やがて安倍氏が敗れ、経清は捕虜になったが、鈍刀で首を鋸《のこぎり》引きにされるという残酷な報復を受けている。

この父親の無念は、むろん清衡に受け継がれていただろう。失地回復という蝦夷の悲願も、当然あった。奥六郡の統率者となった清衡の胸中に、衣川を越えてやろうという強烈な意思があったことは容易に頷《うなず》ける。

ただし、それは尋常の方法では不可能なことだった。

奥六郡に留まっていればこそ、蝦夷の統率者として認知され、既得権である自治権も行使できるのだ。もし理由もなく衣川を越えたりすれば、たちどころに征討軍が差し向けられるだろう。そのために、多賀城には朝廷軍が常駐しているのである。

それならば、軍事的に突破するしかない。

反抗の態度をあらわにし、失地回復を宣言して軍勢を南下させる。朝廷側と雌雄を決する大会戦を敢行するのだ。

いや、そんなことはできない。確実に勝利できる、という見込みもない。敗れれば、奥六郡の自治権も吹っ飛んでしまうだろう。元も子も失うことになるのである。

清衡は、寛治五年（一〇九一）に初めて上洛した。

朝廷勢力に、奥六郡の統率者としての地位を認めさせることが第一の目的で、持参した大量の金や馬を摂関家や公家たちにせっせと貢納し、清衡の名を売り込んだ。と同時に、政治、経済、文化などのあらゆるものを貪欲に吸収した。

そうした中で、清衡が最も関心を持ったのは仏教だった。彼のこの後の半生を見るとき、それは間違いない。

この当時の仏教は、ある特殊な状況下にあった。それは、末法思想に基づく末世が始まった、とされていたことだ。

仏教では、釈迦入滅《にゅうめつ》から正法《しょうぼう》、像法《ぞうぼう》の世がともに千年ずつ続いた後に末法の世に入る、と教えている。その末世が一〇五二年から始まった、というのである。世は乱れ、人心は悪化し、天変地異が頻発する恐ろしい世の中になる。この末世を生き抜くためには、少しでも善行を積み、ひたすら信心するしかない。そういう教えの下で、京都では盛んに寺院の建立が行われていた。

摂関家や公家たちは、競って寺院を建て、国家安泰と平和を祈願した。もっとも、こうした〝建前〟の陰には、建立した寺院に所領を寄進したことにすれば納税義務の軽減につながる、という〝本音〟も隠されていた。

（これだ！）と、清衡は思ったに違いない。

軍事力を用いることなく、正々堂々と衣川を越せる手が閃《ひらめ》いた。朝廷からも、現地の多賀城からもいっさい文句をつけさせない秘策。それは寺院を建立することだ。衣川を越えた地に、寺院の建立を願い出る。前九年の役では、この地にも多くの血が流れた。その鎮魂と、国家安泰、平和祈願のために寺院を建てたい、という申し出を、朝廷側が断れるはずはない。

衣川の南には駄目だ、とも絶対に言えないのだ。なぜなら、この川の境界ラインはあくまでも暗黙のものであり、建前としては奥六郡も大和国家の土地である。もし、清衡の寺院建立を衣川の北に限定すれば、それはとりもなおさず、奥六郡を清衡の土地と認めることになる。それは、できない相談だった。

衣川を越えた地への寺院建立は、最初はごく小さな規模のものだったに違いない。建築技術の問題もあっただろうし、何よりも少しずつ着実に前進することが重要だった。目立たぬように、清衡は実績を作っていったのだろう。

衣川をあまり大きく越えても、多賀城を刺激する。とにかく、第一歩は着実に。そう考えて選ばれたのが今に残る平泉の地である。

衣川から数キロ南のこの地に清衡が街づくりを始めたのは、一〇九〇年代の後半だっただろう、と歴史家は推定している。それからわずか四半世紀の間に、平泉にはおびただしい寺院群や清衡らの邸宅が立ち並び、大首府建設が進んだ。

清衡が最も力を注いだ金色堂が完成したのは天治《てんじ》元年（一一二四）のこと。想像を絶する財力が投入された御堂《みどう》だったが、小高い丘の上に雨ざらしのまま置かれた。近くには、当時の主街道である奥大道が通っており、燦然《さんぜん》と輝くその姿は、誰もが驚嘆の目を見張って眺めることができた。

それこそが、清衡の狙いだったに違いない。

噂は噂を呼び、遠く京都までも聞こえていく。奥州では、いったいどれだけの金が採れるのか。途方もない財力を見せつけられて、朝廷側の清衡を見る目は変わっていった。

財力は人を従わせる。それは古今東西を通じて変わりない。金色堂は、言わばその宣伝塔の役割を果たしたとも言えよう。

奥六郡から奥州全体へと、自治権を拡大させる。蝦夷の悲願であったその実現を目指す清衡の黄金戦略は、ここから始まった。そして、その任務は、二代目基衡《もとひら》、三代目秀衡《ひでひら》によって着実に受け継がれていったのである。

（注二）「一切経」……経蔵《きょうぞう》・律蔵《りつぞう》・論蔵《ろんぞう》の三蔵とその注釈書を含めた仏教聖典の総称。

藤原泰衡〈一一五五〜八九〉

唯一の〝味方〟の義経を討った、とされる謎

歴史上には様々な「組織」が登場するが、それらが興り、栄える過程では、必ず「周到な準備」「密接な連携」「大胆な奇策」——の三つの軌跡が見られる。

徳川幕府を開いた家康、戦国乱世を統一した秀吉はもちろん、明治維新をなし遂げた薩長勢や、一千年以上にわたって繁栄を誇ってきた中臣鎌足《なかとみのかまたり》を祖とする藤原氏など、一族、一門、あるいは幕府といったあらゆる組織の勃興期には、例外なくこの三条件が見られるのである。

そのカギを握るのは「奇策」なのだが、実はこれがいささか曲者だ。周到な準備、密接な連携という二条件がそろった場合の奇策は、確かに興隆の法則となる。しかし、この二条件を欠いた「奇策」は、逆に滅亡へとつながっていくのだ。

滅亡と興隆は当然ながら表裏の関係にあり、「準備不足」「孤立」とそろった上で

奇策が打ち出されたときは間違いなくその組織は滅亡する。その例も枚挙にいとまがないが、五十余年前の敗戦へとつながる日本軍部、徳川幕府、鎌倉幕府、戦国最大の規模を誇った武田一族などの末期の状況を眺めれば一目瞭然だろう。いや、そんな歴史上の事例を求めるまでもなく、ソビエト連邦の崩壊など、滅亡の三条件のそろった例は現実社会においてもいくらでも見つかる。

こうした歴史上の法則性をどう生かすか。それは、人それぞれの道があるだろうが、歴史推理小説を書く場合などには大いに役立つのである。

藤原清衡によって開かれた奥州独立国は、彼の没後五十年余りは磐石の体制を誇っていた。とくに、三代目の秀衡の晩年にはその繁栄も頂点をきわめた感があったが、頼朝の蜂起によってこの国も大きく揺れていくことになる。

頼朝が蜂起したのは一一八〇年で、五年後には壇ノ浦の合戦で平家を滅ぼしてしまう。ついでながら、武家政権をはじめて樹立した平家というこの巨大組織が滅亡するさいにも、三つの条件はそろっていた。準備不足、孤立は言うまでもなく、最後には安徳帝という幼帝とともに三種の神器を持ち出す、という奇策に走っているのだ。

それはともかく。頼朝が鎌倉幕府を開いたのは一一九二年、ということになっている。徹底して頼朝を嫌った後白河法皇が最後まで征夷大将軍のポストを与えず、この年の三月に法皇が亡くなって頼朝はようやくその地位を手に入れたのである。しかし、実際に幕府の機能はすでに平家滅亡の前後から動きだしていた、と歴史家の多くはみている。

つまり、頼朝の支配圏は、一一八四、五年ごろから徐々に広がっていったということだ。この勢力拡大の真っ最中、一一八七年の末に奥州王・秀衡が急死し、泰衡《やすひら》が登場するのだが、偉大な先代の跡を継ぐ者には必ず大波の洗礼が待ち受けているものだ。紛糾の火種は先代が残していく場合が多く、自分にはできたのだからと後継者に押しつけることの非を歴史は教えてくれる。

秀衡が残した紛糾の火種というのは、よく知られているように義経問題だった。

義経は、少年期からの数年間を秀衡に匿われて平泉で過ごし、二十二歳のとき、兄頼朝の挙兵を知って駆けつけていく。そして、前線指揮官として平家を滅亡へと追いやる目ざましい活躍をしたことは周知の通りだ。

だが、頼朝は冷酷だった。勝利したとたんに義経を失脚へと追い込んだのだ。平家を滅ぼした一一八五年当時、鎌倉幕府はすでに機能しはじめており、頼朝は強大な権力を手中に収めつつあった。

とは言っても、その勢力範囲は関東一円から信州、東海、それに北陸の一部ぐらいだった。まだ近畿にも支配力が及んでおらず、九州、四国、中国地方などはほとんどその域外にあった。独立国奥州にも、もちろん支配のかけらも及んではいなかった。

頼朝は、義経追討を口実に、守護、地頭という官職の任命権を朝廷に認めさせた。この当時、土地の支配者は国司であり荘園主だったのだが、頼朝に任命された守護、地頭たちは、武力を背景に各地で次々と支配権を奪っていった。義経追討のためなら、兵糧米《ひょうろうまい》の調達も、犯罪捜査権も処罰権も、彼らはすべて認められていたからだ。

頼朝の勢力範囲は、みるみる広がっていった。その中を、義経は必死の逃亡の末に平泉へとたどり着いた。今や頼るべきは奥州王・秀衡しかいなかったのである。

秀衡がなぜ義経を迎え入れたか。これにも諸説あるが、大恩ある源氏の御曹司だから匿ったとか、窮鳥懐《きゅうちょうふところ》に入れば、といった情実説には賛同しがたい。秀衡という人物は徹底した合理主義者であり、スケールの大きな政治家でもあった。鎌倉の圧力が強まる中で、義経の天才的な戦闘指揮能力を活用することを考えていたのではなかったか、とする説のほうが頷ける。

確かに、義経は百戦錬磨の名将だった。戦えば必ず勝った。頼朝は着々と支配圏を広げており、いずれ奥州へもその野望を向けてくることは確実と思われた。そのとき、迎撃戦を任せる切り札にしたい、というのが秀衡の本音だったのではないだろうか。

ただし、この切り札には危険が伴っていた。義経の所在が明らかになってしまうと、頼朝に追討の口実を与えてしまうからだ。平泉に逃げ込んだと察知されても、徹底して隠し通し、あるいはとぼけ通す必要があったが、それは高度な外交手腕や政治パフォーマンスに自信があってはじめてできることだった。

だが、当の秀衡は義経がやってきて半年余り後に急死する。ところが、跡を継いだ泰衡には、そうした高等戦術の才は受け継がれていなかったのである。

優秀なリーダーと認められる条件の一つは、後継者を育成することだろうが、これを怠ることと、後継者の器量を越えた〝継続事業〟を残すことは言わば同罪なのだ。この点で、秀衡は取り返しのつかない失策を犯したと言える。

一一八七年の末に秀衡が亡くなって一年半後。一一八九年閏《うるう》四月末に、義経は泰衡の手勢に襲われ、館に火を放って自害して果てた。そして、その三ヵ月後。二十八万騎の大軍を率いて攻め込んだ頼朝によって奥州王国は滅ぼされた、というのが史実とされている。

吾妻鏡を主軸とする諸史料を裏付けとして、この史実は認知されてきた。もちろん、どこにも一点の曇りもない、というわけではない。何しろ八百年余り前のことであり、質、量ともに史料面での不足も否めない。

最も曖昧なのは、周知のように義経の最期に関する部分である。

秀衡の没後、鎌倉からの義経の逮捕引き渡し要求はさらに執拗になった。すでに秀衡の生前から始まっていたことで、秀衡はぬらりくらりとかわしていたのだが、泰衡にはむずかしい芸当だった。そして、ついにその要求をかわしきれなくなって義経の館を襲った、という状況説明が史実を補強している。

しかし、少し考えただけでも疑問点がいくつか出てくる。

義経は、間違いなく平泉の新首脳部に加わっていたはずで、泰衡がそうした苦境に追い込まれていく姿を間近に見ながら、いったい何をしていたのか。鎌倉軍の侵攻は必至という情勢下で、平泉首脳部は懸命に防衛策を検討していただろうが、義経はその主柱となるべき存在だった。秀衡の遺言にも「義経を大将軍となし、その下知《げじ》に従え」とあったのだ。にもかかわらず、泰衡は義経を襲ってどうするつもりだったのか。

泰衡は、義経さえ除けば鎌倉との紛糾の種はなくなり、侵攻の危険性も消滅すると考えて襲ったのだ、と歴史家は説明する。義経追討はあくまでも口実にすぎず、頼朝の野望は、四代前の義家が前九年の役でも後三年の役でも果たしえなかった奥州制覇にあった。当時は常識とされていたそのことに気づかないほど、泰衡という人物は暗愚だったというのだ。辻褄の合わない点は、すべて泰衡の暗愚のせいにしているようで、何とも気の毒だ。

自害した後の義経の首の問題など、疑問点はまだまだあるのだが、それはこのさい省略する。ここは一つ視点を変えて、滅亡の法則に照らし合わせて分析してみよう。

奥州王国という、巨大な「組織」は頼朝の前に滅んだ。これは疑いようのない史実である。だとすれば、滅亡の三条件もそろっていたはずだ。

まず「準備不足」は、鎌倉軍を迎え撃つ奥州軍にそれが認められる。

奥州王国には十七万騎という軍勢がいたとされる。だが、この国では後三年の役以来百年の間、戦さというものがなかった。実戦経験のある将兵は皆無だった。いくら訓練を重ねても、このような軍勢が、つい昨日まで平家と血みどろの死闘を繰り広げてきた源氏と対等に戦えるわけがなかった。

一度死線を潜《くぐ》った部隊を精強と呼び、二度潜ったものを無敵と呼ぶのだと、旧軍関係者から聞いたことがある。これは、何も軍事面に限った話ではないだろう。ファミコンだ、パソコンだと、シミュレーションの世界にだけ浸って成長する若者が増えているが、実体験の大切さを教えないと空恐ろしい世の中になるような気がしてならない。

頼朝侵攻を前にした奥州軍には、実戦経験なしという明白な「準備不足」が認められた。それでは、二つ目の条件である「孤立」はどうだったか。

秀衡という人物は、実に巧みな外交手腕を発揮してきた。政権を握っていた平家と、これに反発する朝廷とを上手に操り、隠然たる勢力を蓄えてきたのである。そのカギを握っていたのは、情報と経済力だった。今も昔も、この図式に変わりはない。秀衡は、京都に平泉第と呼んだ屋敷を構え、ここに腹心の部下を常駐させていた。そして、京都と平泉の間を頻繁に隊商を往来させていた。この隊商を率いたのが金売吉次と呼ばれる人物だ。

平家や朝廷の情報は、こうして詳細に秀衡のもとにもたらされた。その情報を分析し、必要とする人物には惜しみなく砂金や駿馬《しゅんめ》を届けた。砂金や駿馬を最大限に活用できたのも、的確な情報があったればこそのことだった。本来なら蝦夷を管理し、取り締まる役の鎮守府将軍の座に就き、さらには陸奥《むつ》国守にまでなり得た背景には、このようにして培われた豊富な人脈があったのだ。

人脈すなわち連携なのだが、泰衡にはこれがなかった。こればかりは、父親の遺産を引き継ぐ、というわけにいかない代物である。

この当時、反頼朝を掲げて提携できる相手はたくさんいた。まず、徹底して頼朝を嫌っていた後白河法皇。あるいは、鎌倉から派遣された守護、地頭に抵抗を続けていた西国の荘園主やその配下の武士集団。そして、驚くべきことに鎌倉幕府内部にも頼朝への根強い反発が見られたのだ。

これらの勢力と積極的に提携することを模索したなら、泰衡の存在はもっと違ったものになっていただろう。だが、彼がそのような動きをした形跡はまるでない。つまり、秀衡の死とともに奥州は孤立していったのである。

おそらく、泰衡らは対鎌倉戦の直接的な準備、対応だけで手いっぱいだったのではないか。遠く離れた京都や西国などの勢力との提携を模索するためには、相当に時間も金もかかるのだ。外交というのはそういうものであり、だからこそ先、先と手を打っていかなければならないのだが、泰衡が奥州王となってからは、もはやそうした悠長なことをやれる余裕はなかったのかもしれない。

孤立してしまったのは、そういうことだった。決して怠慢《たいまん》のせいではなかったのだが、理由はどうあれ「孤立」したことは否めない。こう眺めてくると、滅亡を目前にした奥州王国には、三条件のうちの「準備不足」と「孤立」がそろっていたと認められる。そうだとすれば、きっと「奇策」もあったに違いない。なぜなら、奥州は滅亡したのだから、と、このような三段論法が成り立つだろう。

歴史上の法則性が歴史推理小説を書くさいに役立つ、と申し上げたのは、このことを指すのだ。それならば、その「奇策」とはどんなものだったか。それを探してみよう、ということになるのである。

歴史はみんなの共有財産だから、勝手なことを書くのは公園を汚すようなものだ。司馬遼太郎氏は、そう言っておられた。まったく同感である。が、法則性にのっとった推理は別だろう。

歴史の法則性に照らし合わせれば、奥州滅亡の陰にはきっと「奇策」があったはずだ。そう確信して史料を詳細に点検していくと、突き当たるのはやっぱり義経なのだ。

義経の最期は、いかにも不可解である。先述したように、頼みとした秀衡が亡くなってから一年半の間、義経はいったい何をしていたというのか。平家追討戦では、あれほど敏捷に、積極果敢に動き回った人物である。それなのに、秀衡没後の平泉では何の動きもしていない。まるで、泰衡に討たれるのを漫然と待っていたようにさえ見えるほどだ。

事実、そういう見解を示す向きもある。義経は、己の役目が終わったことを知って、最後の恩返しのために泰衡に討たれたのではないか、と。とんでもない曲解と断ずるべきだろう。決して判官贔屓《びいき》のつもりではないが、秀衡没後の平泉首脳部にあって、義経は間違いなく中心的役割を果たしていたとみるべきだ。

何しろ、泰衡をはじめとする面々は、いずれも戦さの経験が皆無だった。将兵ことごとくが実戦経験なしという状態で源氏の軍勢を迎え撃つのは、どれほど恐ろしいことだったか。それを考えれば、いかに義経が頼りにされたかがわかるはずだ。

その義経が、実は奇計を用いる天才だった。平家追討戦でみせた鵯越《ひよどりご》えの逆落としや、屋島、壇ノ浦の合戦のことごとくが奇襲によって勝利を収めたものだ。後の戦国時代などとは違って、当時は合戦の場でものどかな礼儀作法が重んじられていた。そうした中での奇計、奇襲戦法は、実を言うと武将たちの眉をひそめさせるものだった。が、何といっても戦えば必ず勝つという義経の指揮能力は、一目も二目も置かれていたのである。

この義経が発想した「奇策」を、平泉首脳部は採用したのではなかったか。奥州滅亡の末期にそのような推理を加えることは、歴史の法則性から十分に導き出される。もちろん、これを裏付けるだけの史料はない。が、伝承の類はある。よく知られているように、平泉から津軽まで延々六百キロにおよぶ地域には、義経北行伝説というものが残っている。奥州の滅ぶ一年ほど前、義経主従が密かに平泉を脱出して津軽へと向かった、というものだ。

歴史家はこの伝説をまともには取り上げないが、奇策を探そうという視点に立つと大きく迫ってくるのである。そして、義経が何のために、どこへ行こうとしていたのか、という点がクローズアップされてくる。

鎌倉の密偵たちの目を盗んで、義経は密かに津軽へと向かった。そこから日本海を南下すれば、敦賀《つるが》から京都へ入れる。あるいは、さらに九州まで足を伸ばすことも可能だ。いずれも、反頼朝勢力との結託、連携を目指す上では重要な戦略である。泰衡らは、鎌倉の目をそらしておく必要があったのだが、ついに義経不在が顕れそうになって打った芝居が、偽の襲撃戦だったのではないか。

辻褄を合わせるのと、辻褄が合うのとでは天と地ほどの違いがある。だが、辻褄の合う道を模索することの大事さが、昨今はあまり認められなくなったような気がしてならない。政治が、辻褄合わせばかりやっているからなのだろう。

源頼家〈一一八二〜一二〇四〉

母・政子が経蔵を建てたのはなぜか

伊豆修善寺に住む面作《おもてつく》り師の娘、かつら。愛する頼家《よりいえ》の身代わりとなって暗殺集団と戦い、瀕死の重傷を負う。その断末魔の形相を、おのれの技芸を磨くまたとない機会とばかりに、父の夜叉王《やしゃおう》はデッサンに打ち込む。

鬼気迫る凄惨なこのシーンは、岡本綺堂《きどう》作「修禅寺物語」のクライマックスである。頼家の注文を受けて作った面には、何度打ち直しても死相が現れた。その不思議のわけを、夜叉王は今はっきりと覚ったのだ。

それは、死を迎えざるを得ない頼家の宿命ゆえだった。おのれの技芸は、それを予見するだけの域に達していたのだと、娘の断末魔を目の当たりにしながら夜叉王は歓喜に震えるのだった——。

こんな、むごい親がいるものだろうか。

もちろん、この物語はフィクションで、夜叉王もかつらも実在の人物ではない。ところが、この夜叉王よりも、もっとむごい親が実はいた。頼家の母、政子である。鎌倉幕府の二代目将軍・頼家が、北条一族に殺されたことはほぼ間違いない。そして、その暗殺計画のすべてに、母親である政子が関わっていたと見ていい。

しかし、腹を痛めた実のわが子を、そのような目に遭わせることができたのは、なぜなのか。

歴史上の人物の多くは、その実像がはっきりとはわからない。

天下を取れば英雄として神格化されてしまうし、権力者は常に正義の味方として描かれる。その反対に、政争に敗れ、暗殺されたような人物は、決していいイメージでは伝えられない。歴史記録が権力者によって作られるものである以上、それもやむを得ないことなのかもしれない。

だが、そうした中でも、頼家ほど実像のはっきりしない人物も少ないだろう。「修禅寺物語」の中の頼家は、いささか柔弱な、まるで一時代前の平家の公達《きんだち》のようなタイプの青年に描かれている。が、このイメージもどうやら実像とはほど遠いようだ。

確実にはっきりしている範囲で、その人物像をなぞってみよう。

頼家が生まれたのは寿永《じゅえい》元年（一一八二）八月十二日のこと。父は頼朝、母は伊豆の豪族・北条氏の長女、政子である。

この当時、頼朝は関東武士団の棟梁としての地位をほぼ固めつつあった。ちょうど二年前、幽居を飛び出して平家に反旗を翻し、緒戦の富士川の合戦に勝利した後は鎌倉に武府の建設を着々と進めていた。

全国的な飢饉のせいもあって、寿永元年というこの年には源平両軍ともにあまり動きはなかった。言わば、嵐の前の静けさを保っていたのだが、鎌倉方の武士たちは、すでに新しい時代の到来を実感し、ほどなく始まるであろう打倒平家の戦いに武者震いの血を沸かせていたに違いない。

頼家は、そんな雰囲気の鎌倉で呱々《ここ》の声を上げたのだ。

幼名を万寿、または十幡という。頼朝は、安産祈願のため、鎌倉若宮大路の段葛《だんかずら》を自ら指図して造らせたという。頼朝と政子の間にはすでに大姫という娘がいたが、念願の嫡男の誕生に、その喜びはどれほど大きなものであったことか。

しかも、頼家は幼少のころから体軀《たいく》も並外れて立派で、武芸の腕も群を抜いて優れた若者に成長していった。

父親の武家政権樹立の覇業は順調に進み、平家を滅亡へと追い込んだ後、頼家が八歳の秋には奥州をも平定して全国を支配下に置いた。鎌倉殿と呼ばれた、この統治者の座を継ぐべき地位を、もの心がついたときから頼家は約束されていたのである。やがて、正治《しょうじ》元年（一一九九）一月、頼朝の死によって、十八歳の頼家はその鎌倉殿の座に就いた。

悲劇はこのときから始まったのだが、実は、頼家の人物像についてほぼ間違いないと思われるのはここまでである。

この先の頼家に関する吾妻鏡の記述には、いささか信用の置けない点が多い。その死については、ただ修禅寺で亡くなったと記されているだけである。

だが、「愚管抄《ぐかんしょう》」という史書には、はっきりと暗殺集団によって刺し殺されたのだと書いてある。もちろん、これは伝聞をもとにした記述なのだが、こうした中から、弱冠二十三歳にして暗殺されなければならなかった背景を探り当てるのは、かなりむずかしい。刺客を差し向けたのが肉親とあっては、なおさらのことだ。

いずれにせよ、覇王頼朝の死によって鎌倉幕府の屋台骨は大きく揺らいだ。その頼朝を支えて覇業をなし遂げた重臣たちが、若き後継者・頼家に大きな不安を感じていたのは確からしい。なぜなら、頼家には、自分の立場を勘違いしていたふしがあるからだ。

こんな話が伝わっている。

ある地方の、土地境界争いの訴訟が幕府に持ち込まれた。争いの経緯をくだくだと述べる訴人たちを前に、頼家はいきなり筆をとると絵図面の真ん中に真っ直ぐに線を引いた。

「どちらが得をしたかは、お前たちの運だ。いちいち現地の調査などやっていては、面倒で仕方がない。領地訴訟は、以後もこのように裁定するものと心得よ」

鎌倉殿は独裁者であり、その裁定には絶対服従すべきものと、頼家はそう確信していたのだろう。

だが、武士たちにとっての鎌倉殿は、これでは困るのだ。

一所懸命、という言葉の通り、武士たちは自分の領地を守ることに命懸けだった。一族郎党を養っていくために、何よりも大事なのは土地だ。境界争いが起きれば、血で血を洗う抗争になる。しかし、それでは合戦が恒久的に続くことになってしまう。

それを回避するためには、棟梁を押し立てて、みんなでその裁定を仰ぎ、服従することにしようではないか。合戦による消耗を防ぐには、それしか道はない。そうした暗黙の了解のもとに、武士たちは鎌倉殿の下に結集したのである。

したがって、頼朝を頂点とする重臣たちは、訴人たちの不服を最小限に止める裁定を下すことに意を配ってきた。訴訟を起こす以上は、どのような裁定を下しても、どちら側にも必ず不服は残る。その不服の幅をどれだけ縮められるかが、幕府の最大の仕事だったと言っていい。

土地の境界争いの訴訟は、それこそ無数に持ち込まれた。幕府の存在理由がそこにあったのだから、それは当然のことだった。

頼朝の裁定は、ばっさりと一言のもとに下されたが、その結論を出すまでには、幕府機関の官吏たちによって細心の調査がなされていた。決して独裁によるものではなく、そのために公文所（後の政所《まんどころ》）、問注所《もんちゆうじよ》などという機関が整備されていたのだ。

鎌倉殿を独裁者と勘違いした頼家には、もう一つ致命的な認識不足があった。それは、朝廷と幕府との関係についてである。

そもそも、鎌倉幕府という組織を作り上げた者たちは、はっきり言って暴力集団だ。マフィア、を連想すればわかりやすいだろう。政府が弱体化して警察力が衰えたところへ、マフィアの集団が結束し、法を無視して新たな支配体制を敷いた。頼朝が設けた守護、地頭という制度は、そういうものだったと考えればよくわかる。

朝廷の定めた律令制に基づく土地所有権を上回る支配権を、強引に認めさせたのが地頭職だ。泣く子と地頭には勝てぬ、と人々が嘆いたのも無理はない。

だが、建前上は、律令制も土地所有権もなくなったわけではない。そうした中で、この力ずくの体制を維持していくためには、武士集団の結束を弱めるわけにはいかない。

もし、幕府の体制が少しでも揺らぐようだと、建前上の力が息を吹き返してくるのではないか。重臣たちの胸中には、常にそういう危機感があった。

つまり、武士集団の結束に水を差すような頼家の振る舞いは、重臣たちには朝廷側に利をもたらす行為と映ったのだ。

重臣たちは、土地訴訟の裁定を、十三人の重臣たちの合議制に切り換えた。鎌倉殿の権威は著しく失墜したが、この謀議には政子も加わっていたのである。

政子には、わが子を失脚させても守らなければならないものがあった。それは、幕府内での北条氏の存在そのものだった。

北条氏の当主は政子の父・時政だ。頼朝の存命中は舅としての立場から重きをなしていたが、頼家への不評が膨らんでくると、今度は祖父という立場が大きな枷《かせ》となってきた。下手をすると、頼家ともども北条氏も葬り去られる恐れさえ出てきたわけだ。

北条氏は、もともと伊豆の一弱小豪族でしかない。幕府の土台を支える重臣たちを向こうに回して、頼家の防波堤になれるほどの力はなかった。しかも、北条氏には、頼家を擁護しようにもできないわけがあった。家族意識というものが、現代とはまるで違っていたせいである。

この当時、良家の子は生まれるとすぐから乳母の手で育てられた。頼家も、十歳下の弟である実朝《さねとも》もそうして成長したが、この乳母の存在が絶大なものだったであろうことは想像にかたくない。

何しろ、乳児のときから肌を接して成長するのだ。その結びつきは、生母よりはるかに強かった。

例えば、頼朝の乳母は比企氏の女性だったが、彼女は頼朝が流人となって伊豆に幽閉されると自分もともに関東へ下り、細々と面倒を見続けた。平家ににらまれる危険を承知の上でのことだ。出家して比企尼《ひきのあま》と呼ばれた彼女に、頼朝は絶対の信頼を寄せた。そして、嫡男の頼家の乳母にもこの比企一族の女性を選んだのだ。

比企氏も、もちろん幕府の重臣である。頼家の信頼も大きく、今や鎌倉殿の側近は比企一族で固められている。しかも、頼家の正室もこの比企一族の娘だった。

一方、弟の実朝のほうの乳母は、政子の妹の阿波局《あわのつぼね》だった。実朝は、名実ともに北条氏の孫として育てられたわけだ。

わかりやすく言うと、鎌倉殿の座に就いたのは〝比企頼家〟だった。その鎌倉殿に武士集団が大きな不平を抱くようになると、北条氏は自分たちにまで火の粉が降りかかることを恐れた。

そこで、頼家を排斥し〝北条実朝〟を新たな鎌倉殿にしようと画策したわけだ。いや、そうせざるを得なかった、と言ったほうがいいのだろう。

権威を剝奪された頼家だったが、それでも飾り大将として三年余りは無事の日々を送った。が、建仁《けんにん》三年（一二〇三）七月、頼家は急病に倒れ、危篤状態に陥る。重臣会議は、鎌倉殿の地位を頼家の嫡男である一幡《いちまん》と、実朝に二分すると発表した。

比企氏の手で育てられている一幡は六歳。〝北条実朝〟は十二歳でしかない。このような決定で円満に収まる道理はなかった。

たちまち内紛が起こったのだが、これは内紛の種を蒔いた北条氏の計略勝ちということになる。時政は、仏事にかこつけて比企氏の当主の能員《よしかず》を招いて一気に刺し殺し、さらに、比企一族を襲ってこれを皆殺しにしてしまった。頼家の妻も一幡も生命を奪われ、頼家は修禅寺に幽閉されてしまう。

そして、実朝が三代目の鎌倉殿の座に就いたのである。

それから十ヵ月後。元久《げんきゅう》元年（一二〇四）七月のある夕暮れのこと。幽居で入浴中の頼家を暗殺集団が襲った。奇《く》しくも、祖父・義朝と同じように、彼もまた素っ裸のまま身内に切りさいなまれて殺されたのだ。

後に政子は、頼家の冥福を祈って宋版一切経を修禅寺に寄進し、これを納める指月殿という経蔵（注三）を建てた。指月殿は、狩野《かの》川の上流、桂川のほとり、修善寺温泉の一角にあり、無念の憤死を遂げた頼家の墓は、その傍らにひっそりと佇んでいる。

母への怨念は、鎮まったのだろうか。

（注三）「経蔵」……経文を納めておく堂。経堂。

第二章

戦国乱世のミステリー

上杉謙信〈一五三〇～七八〉

上洛、天下盗りを極度に恐れられたのはなぜか

多くの戦国大名の中でも、上杉謙信の知名度、人気度は抜群に高い。居城のあった新潟県上越市の春日山には、名将の面影をしのんで訪れる観光客が後を断たず、山城跡だけに地形の確保や維持、整備がたいへんだという。

「非情無慙《むざん》な戦国武将のなかで、稀に見る純情潔白、清僧の如き英傑であり、武辺《ぶへん》の練達者であって、しかも、無欲淡白なところが、日本人好みで、歴史ファンの最高の人気を集め得る人物といってよかろう」

桑田忠親博士は、著書『日本武将列伝』の中でそう語っておられるが、まさにこの一言に尽きよう。

ただし、謙信は大酒飲みだった。それも、梅干しを肴に飲むのが好きだったという。

これでは高血圧にならないほうが不思議で、あたら名将も、天正六年（一五七

八）三月、脳卒中で四十九歳の生涯を終えてしまったのが何とも惜しい。しかも、それが、大動員をかけての出陣を予定していた二日前のことだっただけに、その死は大きな反響を呼んだ。

はたして、この出陣で、謙信は天下盗りへの第一歩を踏み出そうとしていたのか、どうか。

謙信は、関東平定を目指してはいたが、天下人になろうとまで望んではいなかった、と多くの史家は見ている。が、突然の死を迎えようとしていた謙信自身の胸中に、どんな計略があったのか。それは謎のままである。

謙信の生涯は、まさに戦国乱世の真っ最中にあった。

父親は越後の守護代、長尾為景《ためかげ》といったが、この為景は、六十六歳で亡くなるまでに百回以上も合戦に赴いている。文字通り、戦いに明け、戦いに暮れる人生だったわけだが、謙信も、この父を七つのときに亡くして少したつと、ほとんど同じような月日を送ることになる。

越後の国内に合戦が絶えなかったのは、守護大名である上杉定実《さだざね》に力がなかったからだ。このため、国衆と呼ばれた地侍たちは守護代に国内平定の望みを託していたが、為景の跡を継いだ謙信の兄、晴景《はるかげ》も病弱だったため、衆望はしだいに謙信に集まっていった。

やがて謙信は内乱を収め、晴景に代わって越後の守護代となった。天文十七年(一五四八)のことで、弱冠十九歳にして春日山城主となったわけだ。

この二年後に上杉定実が亡くなり、さらにその三年後には晴景が亡くなって、謙信は名実ともに越後の支配者となっていった。そして、この直後から歴史に残る武田信玄との戦いが始まるのである。

この川中島の合戦は、以後十二年間にわたって五回行われた。長い戦国史の中でも最も名高い対決だったが、雌雄を決することなく終わっている。

謙信にとってこの戦いは、北信濃侵略を目指す信玄に対する防衛戦の意味合いが強かった。北信濃を侵されれば、春日山城は喉元に匕首《あいくち》を突きつけられたも同然となるからだ。

したがって、武田軍を追い払えばよかったわけで、決戦に至らなかったのもそのためではあった。が、この二人は、お互いに、決戦を挑めば共倒れになりかねない恐るべき相手、と見ていたのも確かだろう。

二十代から三十代にかけての謙信は、とにかく超多忙だった。

北信濃をめぐる確執から、信玄は越後領内の国衆に手を回し、反乱を煽るような謀略も仕掛けてきて、謙信はその鎮圧にも追われた。

また、相模の北条氏康が、関東管領の上杉憲政《のりまさ》を激しく圧迫し、ついに憲政が謙信を頼って越後に逃れてきたことから、関東に兵を進めて氏康とも戦うことになった。

豪雪に閉ざされる越後の長い冬を考えると、春から秋までの謙信のスケジュールは想像を絶するものがある。領内を治め、反乱を掃討し、兵馬を養い、その上武田、北条を相手の合戦に大兵を率いて長途《ちようと》赴く、という日々である。

初めて関東へ出陣したのは、永祿三年（一五六〇）八月、謙信三十一歳のときだったが、以後亡くなるまでの十八年間に一四回兵を進め、そのうち八回は厩橋城（前橋）で越年している。

そして、このころから新たに越中との戦いも始まるのだ。

謙信には、同時代の他の戦国大名たちとは違った特色がいくつか見られる。

もともとは越後の守護代の長尾家だったものが上杉姓になったのも、北条に追われて勢力を失った上杉憲政が、関東管領職と家名を譲りたいと申し出たためだ。下克上が横行していた乱世で、血を見ずにこのような形で上席の名跡が譲渡された例は他にない。

また、謙信は二十四歳と三十歳の二度、京都を訪れているが、これも当時はきわめて珍しいことだった。

常に緊迫している近隣との関係を考えれば、領国を長期間留守にすることはむずかしく、さらに、わずかな兵を引き連れての長旅にも多くの危険が伴った。そうかと言って、他国の領内を通るのに大兵を率いていくことはできない。侵略行為と受け止められ、不測の事態を招く恐れがあったからだ。

最初の上洛は、天文二十二年（一五五三）九月末のことで、謙信は、二千の兵を従えて北陸道を進んだ。

この前年に謙信は従五位下、弾正少弼《だんじょうしょうひつ》に叙任され、上洛はその御礼言上のため、というものだった。だが、使者を遣わさずに自ら出向いたのには、おそらくそれ以外にも大きな目的があったからに違いない。

この当時。室町幕府の威勢はひどく衰えており、天下は麻のごとく乱れていた。この乱世を鎮めるにはどうすればいいか。多くの人々が苦悩しており、若き謙信も例外ではなかったはずだ。

年末に帰国するまでの三ヵ月足らずの間に、謙信は実に精力的に動き回っている。後奈良天皇、足利将軍義輝に拝謁したのをはじめ、大坂の石山本願寺、比叡山延暦寺、紀伊の高野山金剛峯寺などへも足を延ばし、仏教への関心の高さを見せている。

母親は熱心な観音菩薩の信者だったし、謙信自身も七つのときから春日山城下の林泉寺（曹洞宗）で厳しい禅の修行を受けていた。後には真言宗を信仰するようになり、さらには自らを北方守護神である毘沙門天になぞらえるなど、仏教には特別の思い入れがあったようだ。

ついでに言うと、謙信には不犯《ふぼん》の名将という修辞語がついて回り、男色説、不能説、性病説などが取り沙汰されている。中には謙信は女性だった、などという奇説もあるほどだが、真言密教の戒律には女犯戒、肉食戒、妻帯戒などがあり、謙信はまじめにそうした戒律を守っていたのではなかったか。桑田博士が「稀に見る純情潔白、清僧の如き英傑」というのも、そのへんを指しておられるのだろう。

二度目の上洛は、これから六年後のことになる。

すでに川中島では三度の戦いが行われていたが、将軍義輝はしきりと謙信、信玄の和睦を言い送ってきていた。

このころの義輝は、三好長慶《ながよし》らに京都を追われるほどに落ちぶれていた。将軍とは名ばかりで、信玄との和を望んでいるのも謙信の威勢を頼りにしたかったからなのだろう。

やがて義輝は長慶らと和睦して京都に戻ったが、上洛した謙信は、帰京を祝い、忠節を尽くすことを誓っている。義輝にすれば、すでにほとんどの戦国大名たちから鼻の先であしらわれるようになっていただけに、これほど頼りになる存在もなかったに違いない。

謙信が越中に初めて進攻したのは、この翌年、永祿三年（一五六〇）春のことになる。

越中の豪族たちの中に信玄と誼《よしみ》を通じている者がいて、これを討伐するための出陣だった。が、それにしてはかなり徹底した掃討戦を行っている。もしかすると、上洛ルートの確保、という大きな狙いがあったのではないかと思われるのだ。

永祿三年は、戦国史の中でも大きなエポックとなった年だ。五月に桶狭間で今川義元が討たれ、以後織田信長がにわかに頭角を現してくることになる。

義元は、天下を狙うだけの実力を備えていたし、おそらく一番に上洛するだろうと多くの者が見ていた。その義元が亡くなって、戦国レースはまさに〝本命〟不在の混戦もようとなったのだ。

誰も彼もが天下盗りの野望をあらわにしはじめたのは、このときからだ。格の違いや器量の問題などは二の次となった感があり、没落した足利将軍を補佐して天下を平定する、という大義名分さえも薄れていくことになる。

だが、そんな風潮が広がる中で、謙信だけは律儀に大義名分を重んじる戦いを繰り広げていた。

永祿四年には上杉憲政を追った北条氏康の居城である小田原城まで押し寄せ、これを包囲して攻め立てた。結局は落とせなかったが、休む間もなく信濃に転戦し、信玄と川中島で四度目の合戦を行っている。有名な一騎討ちが演じられたのは、このときだ。

やがて、永禄十三年（一五七〇）。年号は元亀《げんき》と改まるが、この十年間に最も大きく勢力を伸ばしたのは言うまでもなく信長である。

西には毛利元就がいたが、すでに老齢だった。残るは謙信、信玄、そして新興勢力である信長という構図が、しだいに固まりつつあった。その中から抜け出そうとしたのが信玄で、元亀三年（一五七二）ついに上洛の途につく。

しかし、天は信玄に味方しなかった。軍旅の途中、宿痾《しゆくあ》の結核に倒れ、五十三歳の生涯を閉じてしまう。その知らせを聞いた謙信は「惜しい大将を失ったものだ」と言って落涙したという。

天下争いは、いよいよ信長と謙信に絞られた、と人々は見ていた。

このころの信長は、まさに破竹の勢いを見せていた。すでに美濃から近江を平定し、名ばかりの将軍の座にあった義昭を奉じて京都に入り、浅井長政、朝倉義景、比叡山延暦寺、一向宗徒など、反抗勢力を次々に撃破しつつあった。将軍義昭さえも、反抗の態度が顕れたとたんに京都を追放されていた。

信長には、旧来のものに縛られることない革新的、独善的な態度が強く見られた。それが、ある人には好ましく映り、その反面、眉をひそめる者も増やしていた。

その信長に比べると、謙信はきわめて常識的であり、保守的でもあった。正義感が強く、信仰心にあつく、大義名分を重んじる人柄は多くの人々から慕われたが、信長のように、自らが天下人となるのだ、という覇気に乏しかったのは否めない。

だが、頻々として聞こえてくる信長の〝暴挙〟に、強い憤りを覚えていたのは間違いないだろう。信玄に対して抱いていたような尊敬の念は、おそらく信長には感じていなかったはずだ。

「謙信の最後の出陣は、まず関東を平定し、その後に上洛して信長を倒し、将軍家をもり立てての天下統一を目指したものだっただろう」

戦国史に詳しい越後一の宮居多《こた》神社の宮司、花ケ前盛明氏のこの見方は、当時の状況からみて最も頷ける分析である。

謙信の〝天下盗り〟は、あくまでも将軍家再興という大義名分を重んじたものだったに違いない。が、天下平定を目指す野望に変わりはなかった。その出陣を前にしての急死に、信長陣営の放った刺客による暗殺説が根強く囁かれたのも無理はない。

いずれにしても、謙信は無念だっただろう。

初冬の一日、訪れた春日山城跡はどんよりとした雪雲に覆われていた。実に巧みに地勢を活かした、壮大な構えの山城だ。

実城《みじょう》（天守閣）跡に佇むと、鉛色の日本海から吹きつける風は、頬を刺すように冷たい。だが、凍てついた落ち葉に覆われた山肌には、不思議な温もりが感じられた。燃焼しきることなくこの地で生を終えた謙信の存念が、あるいはまだ地下でたぎっているせいかもしれない。

武田勝頼〈一五四六〜八二〉

名族武田家が滅んだ真の理由は

百年以上にわたった戦国乱世の中で、どれだけの大小武門が滅んでいったものか。正確な数は不明だが、知名度や悲劇性、その存在感の大きさなどを勘案すれば、甲斐武田氏の滅亡は間違いなくビッグ3に入るだろう。源氏の棟梁だった八幡太郎義家の弟、新羅三郎義光をその祖とし、以来数えて二十代目の当主、勝頼《かつより》のときにこの名家は滅んだ。五百年にして名族の歴史を閉じたわけである。

勝頼には、武田家を滅ぼした男、という代名詞が永久について回る。哀れを誘うという点では、同じように、平泉を滅ぼした男、と呼ばれる藤原泰衡によく似ている。信玄、秀衡という、ともに偉大な父親を持ったことも同様である。

しかし、はたして勝頼はそれほど器量の乏しい人物だったのだろうか。武田氏滅亡の引き金となった長篠の戦いでの無策ぶりばかりを史家は指摘するが、その全責任を勝頼一人に押しつけていいものかどうか。ほんの少し視点を変えてみると、実は信玄その人のほうにむしろ大きな責任があったような気もするのだ。

天正元年(一五七三)四月、父信玄の急死によって勝頼が家督を継いだときの武田家の所領は、甲斐、信濃の大半、それに駿河を合わせた広大なものとなっていた。当時にあっては、中国地方の毛利氏に次ぐ大領国を有していたわけで、それだけの当主の座を引き継ぐには確かに勝頼の器量は十分とは言えなかったかもしれない。

勝頼の器量を問うとき、真先に引き合いに出されるのは、天正三年五月に行われた長篠の合戦である。織田信長の鉄砲隊の前に、勇名を馳せた武田の騎馬軍団が滅びた戦いだ。以後、武田氏はこれから七年後の滅亡までじりじりと衰退の一途を辿っていく。

武田軍が徳川方についた長篠城を囲んだとき、後詰め《ごづ》(援軍)として信長が出陣してきたのを知った武田の宿将たちは、こぞって対決に反対したという。それを振り切って、勝頼は設楽原《したらがはら》での全面対決に臨み、織田軍の大量の鉄砲隊の前に騎馬軍団を粉砕された。

織田軍は、三千挺という当時の常識を越えた大量の鉄砲隊を用意し、馬防柵を設けて騎馬隊の突進を防ぎながら一斉射撃を繰り返した。長い戦国時代の合戦の歴史を一気に変える画期的な新戦法だったわけで、これは全面的に信長の作戦勝ちだったと言えよう。勝頼の器量を問う前に、新戦法の最初の餌食になった不運のほうが大きかったようにも思われる。

しかし、大軍を擁して長駆《ちょうく》出陣してきた信長のほうには、兵糧補給に関して不安があった。その面での心配のなかった武田軍には、決戦を急ぐ必然性はなかったのだ。宿将たちがこぞって決戦に反対したのもそのためだったが、勝頼の判断ミスにもそれなりのわけがあったのだ。

この当時は勝頼が家督を継いでから丸二年たっていたが、家臣団には依然として偉大だった信玄を慕う空気が強く、家中の統制にも何かと問題があった。そうした中だけに、勝頼には自分の決断で合戦を勝利したいという強い願望があった。やはり、戦いに力みや焦りは禁物なのだ。

しかし、家中の統制に問題が生じるような事態になったのも、実は信玄その人に大きな原因があったと言える。

もともと、勝頼は武田家を継ぐべき立場にはなかった人物である。信玄が滅ぼした信濃の諏訪氏の娘を側室として生ませたのが勝頼で、信玄にとっては四番目の男児だった。信玄は、この勝頼に諏訪氏を再興させるつもりで、諏訪四郎勝頼の名で育ててきたのである。

信玄の嫡男は、正室の生んだ太郎義信であり、自他ともに後継者として認める存在だった。義信は勝頼より八歳上で、信玄の智勇、豪胆さなどをよく受け継いでおり、その人柄は多くの家臣に慕われていた。

ところが、この義信と信玄との間に、駿河の今川対策を巡って重大な亀裂が生じた。不仲が決定的となって、ついに信玄は義信を幽閉し、義信方についた家臣たちを処罰してしまった。ほどなく、義信は失意のうちに亡くなってしまう。病死とも自害したとも されているが、いずれ信玄は後継者たる嫡男を失ってしまったわけだ。

信玄の次男は生まれつき盲目で、三男は夭逝《ようせい》しており、結局勝頼が跡目を継ぐことになったのである。信玄亡き後、家臣団の中に、義信が生きていてくれたら、という囁きが多かったのは否めない。折りにふれてそれが耳に入ったであろう勝頼の心中を思うと、単に彼の器量を論じるだけでは可哀相な気もするのだが、実は勝頼にはもっと大きな同情すべき問題があったのである。

天正元年四月、信玄の病没によって勝頼がその跡を継いだのは二十八歳のときだったが、すでに六つになる嫡男がいた。信勝《のぶかつ》というこの子は幼いころから聡明で、信玄はたいそう可愛がっていた。武田家の棟梁たるにふさわしい人物に成長するものと大いに期待をかけていたのだろうが、その孫可愛さの余りだったものかどうか、臨終のさいに「信勝が十六になったなら武田の家督を相続させよ」と遺言したのである。

つまり、勝頼は向こう十年間だけの当主だ、と宣言したことになる。まさにワンポイントリリーフという形で、これでは家臣団が新しい当主を軽んじたのも無理はない。信玄ともあろう人物が、なぜこのような災いの種を残したのか。己を全知全能の人と過信した末のことだったとしたら、これほど人間の弱さ、哀れさを見せつける例もない。

余談になるが、武田家が滅んだのは、奇しくもこの「十年目」だった。十六歳の信勝は最後まで父勝頼に従っていたが、いよいよという段になって、勝頼はわが子に武田重代の御旗《みはた》と楯無《たてなし》という銘の鎧を与え、奥州へと落ち延びて再興を果たせと命じた。が、信勝はそれを断り、ここで家督を譲り受け切腹したいと申し出たという。武田家最後の当主としての誇りを抱いて死ぬつもりだったのだろう。

こうして、さまざまな側面から眺めていくと、長篠の合戦は勝頼にとってあまりにも不運な要素が多すぎたとも言える。その敗戦の責を彼一人に負わせるのは酷な気もするのだが、これから三年後、この衰勢をさらに増幅させるようなことを勝頼はやってしまう。それは、越後の上杉謙信が亡くなったときのことだ。

信玄と生涯のライバルだった謙信は、前項でご紹介したように天正六年（一五七八）三月に急死した。脳卒中だったらしいが、暗殺説も根強く残っている。いずれ遺言もままならない状態だったのは確かで、そのため家中は大混乱に陥った。後継争いが一気に噴出したのである。

謙信は生涯不犯を通したのだが、養子が二人いた。一人は甥の景勝であり、もう一人は北条氏政の弟の景虎である。上杉家中は、謙信の跡目を巡って真っ二つに割れ、激しい争いが起こった。世にいう、御館《おたて》の乱である。

越後の上杉と甲斐の武田は、相模の北条との結託、離反を繰り返しながら戦国の乱世を争ってきた。景虎が謙信の養子に迎えられたのも、越・相同盟の締結に伴う体のいい人質だったのだが、その後氏政は再び武田と結び、越・相の関係は険悪になっていた。そうした最中に謙信は亡くなったわけだ。

しかし、上杉家中には景虎を慕う者たちも多くいて、彼らは越・相関係を再び強固なものに戻そうと景虎擁立を目指したのである。

氏政も、景虎支援の態度を明らかにし、友好関係にある勝頼にも理解と協力を要請した。景虎と対決する景勝にとっては、下手をすると相・甲両国をも同時に敵に回しかねない事態となり、はなはだ不利な情勢となった。

ところが、ここでウルトラCの戦略が登場する。景勝派が、勝頼を味方につけようと乗り出したのだ。

越・甲の対決は、数度にわたる川中島の合戦で知られるように、北信濃の覇権を巡って長い間続けられてきた。戦国の乱世を通じても最大級と言っていいほどの宿命的な対決で、越・甲が手を握ることなどは、およそあり得ないと誰もが思っていたのである。

御館の乱が起きたとき、勝頼は、氏政の要請を受けて景勝を攻めるため、春日山城へ向けて進軍中だった。すでに北信濃から越後領内へと侵入していたが、そこへ景勝の使者がやってきて極秘裏に和睦条件を示したのだ。

景勝の示した条件とは、東上野《こうづけ》と北信濃の上杉領を割譲し、加えて黄金一万両を贈ろう、というものだった。

謙信亡き後の跡目争いを、勝頼はどうとらえていたであろうか。宿敵の内紛は、長年の懸案だった北信濃制圧はもちろん、さらに進んで越後領を侵食し、三年前の長篠の合戦での汚名を晴らす絶好のチャンス、と思っていて当然である。紛争がこじれればこじれるほど、そのチャンスは広がっていくはずだった。

確かに、氏政とは友好関係にある。一年前には氏政の妹を後妻に迎えており、相・甲同盟を維持することは決して悪いことではない。だが、だからと言って、氏政の要請を受けて景虎支援に兵を動かすことはなかった。勝頼は、ただじっと情勢を見守っているか、せいぜい裏工作をして内紛をけしかけるぐらいでいればよかったのである。

ところが、このときの勝頼の選択は、結果的に最悪のものとなってしまった。春日山城に迫ったところで、結局は景勝の和睦を受け入れたのだ。

黄金一万両はともかくとして、北信濃の割譲という条件が勝頼を大きく動かしたことは明らかだ。これこそが、父信玄が最後までできなかったことだったからである。どう足掻《あが》いてもかなわない偉大な父親のできなかったことを、自分がやり遂げる。その過剰な意識が働いたからだとしか思えない。

こうして、景勝と和睦した勝頼は、兵を退いた。ここから景勝は反転攻勢に移り、景虎派は支援の北条軍のもたつきもあってついに敗れ、景虎は自害してしまう。越後は景勝のものとなったのである。

この景勝との協調路線を大事にしようと、勝頼は自分の妹を嫁がせた。当然のことに、氏政は腹を立てて相・甲同盟を破棄し、断交してしまった。越・甲が結託すれば、こうなることは誰の目にも明らかだったのである。

勝頼のこのときの選択が決定的に間違っていたことは、その後の歴史が証明している。氏政は信長、家康と同盟を結び、武田包囲網を整えた。結局、これが武田家の滅亡を大きく促すもとになっていったのである。

その一方で、勝頼を抱き込んで御館の乱を乗り切り、越後を手中に収めた景勝のほうは、秀吉の時代には百万石の大大名となって勢力を伸ばしていった。その後、家康との反目によって大幅減封《げんぽう》の憂き目を見たものの、近世大名として無事に江戸時代を乗り切っていく。滅亡した武田家とは、まさに天と地の違いである。

この御館の乱に直面した勝頼の対応にこそ、彼の器量が如実に表れているような気がする。読みが浅く、お人好しで騙されやすい。そうした良家の坊ちゃん的な人柄があからさまに反映されたと見ていいだろう。ここには、長篠の合戦のときのような、不運という一面はほとんど見出せないのである。

それから四年後。織田、徳川の連合軍に攻め込まれ、天目山に追い詰められた最後のとき。勝頼に従っていたのはわずか四十数人の家臣だけだった。栄枯盛衰は世のならいとは言え、名門武田氏の当主の末期としては余りにも寂しい姿である。

織田、徳川軍の甲斐侵攻が始まると、第一の重臣だった穴山梅雪《あなやまばいせつ》が真先に降伏し、続いて信玄の甥の武田勝豊《かつとよ》、勝頼の叔父の武田信廉《のぶかど》など一族の者たちも、次々と勝頼の傍を離れていった。このあたりに、勝頼という人物の器量のほどが一番よく表れているのかもしれない。過去のものとなった悲劇を振り返るときには、どうしても哀れさが先に立って同情的に見がちなものだが、現実はやはり厳しかったのだろう。戦国武将たちも、ただ棟梁や当主だからというだけで盲目的に従っていたのではなかったのだ。

だが、もし信玄がもう少しはっきりと勝頼を跡継ぎとして尊重し、後事《こうじ》を託す遺言をして世を去ったなら、家中の統制も乱れることなく、家運も違った展開を見せたのではないか。業績を上げた人物ほど後継者を育てることが下手なのは、いつの世でも同じ人間の悲しき性《さが》なのかもしれない。

織田信長〈一五三四～八二〉

なぜ手薄のまま入洛し、光秀に虚を突かれたか

織田信長が本能寺で討たれたのは、天正十年（一五八二）六月二日未明。太陽暦に直すと七月一日のことになる。

その最期はいかにも信長らしかった。

明智の軍勢が押し寄せたと知るや、ただ一言「是非におよばず」と漏らしただけで、自らも武器を取って戦い、やがて身を清めると奥の間に入って自害して果てた。そのさい、自ら放った火で本能寺は猛火に包まれ、信長自身も跡形もなくこの世から消え去ってしまった。

戦国武将らしいこの潔い最期が、後世に至るまで人気を集める一因でもあるのだろう。が、その胸の内にはやはり悔やんでも悔やみきれない思いがあったのではないか。

本能寺の変、と呼ばれるこの暗殺ドラマが成功した最大のポイントは、信長が数十人というわずかな家臣を率いただけで本能寺に宿泊し、警戒体制を怠っていたことに尽きる。

はたして、それは単なる信長の油断だったのか。それとも、巧みに仕掛けられた罠にまんまとはまってしまった、ということだったのか。暗殺ドラマの背景を探る諸説はにぎやかだが、手薄のまま入洛した謎を解き明かさない限り、真相は見えてこない。

本能寺の変は、日本史上最大のミステリーである。それだけに、光秀謀叛の理由をめぐって古来さまざまな説が唱えられてきた。

大づかみにそれら諸説を眺めてみよう。
①信長の数々の仕打ちに対する恨みを晴らした、という「怨恨説」。
②光秀自身が天下を狙おうとしたのだ、という「野望説」。
③信長の手薄な入洛を知って、これぞ好機とばかりに襲った、という「突発説」。
④光秀を背後で操った存在があった、という「黒幕説」。
補足すると、③の動機については、怨恨、野望など諸説あり、④には、朝廷、堺衆、家康、秀吉などを黒幕とする数多くの説がある。

中には、森蘭丸や宣教師フロイスなどを黒幕とするものから、秀吉と家康、秀吉と毛利の共謀説などもあって実ににぎやかだ。諸説合わせると五十を超える、という〝研究〟もある。

光秀の単独犯行か、それとも黒幕がいたのか。

いずれにしても光秀が実行犯だったことは間違いないのだが、真相がはっきりしないのは、事件の核心に触れる部分で曖昧な点が多々あるためだ。

この当時。信長は、武田勝頼を滅ぼして安土城へ凱旋したばかりだった。が、一息ついたなら直ちに毛利に襲いかかろうとしていた。

毛利攻めは、すでに秀吉に命じて始めていたのだが、その秀吉から信長への緊急要請が届く。秀吉は備中高松城を水攻めにしているところだったが、毛利の主力が支援に出てくると知って信長自身の出馬を求めてきたのだ。

この要請状が届いたのが、五月十五日のことだ。

安土城に凱旋してきたのが四月二十一日で、将兵を一休みさせたなら毛利攻めに出陣しようと信長は予定していたのだが、秀吉からの緊急要請によって、その予定を早めざるを得なくなったのは間違いない。

では、もともと信長はいつごろ出陣するつもりだったのだろうか。史料的裏付けはないが、将兵には最低でも一ヵ月ぐらいの休暇は与えたのではなかったか。とすれば、前後の帰郷、集結期間を勘案して、毛利攻めへの出陣は、六月初旬というころだったと思われる。

織田軍団はプロ戦士を抱えていた、と言われているが、将兵のすべてがそうだったわけではない。大半は昔ながらの農民兵で、この時期は農繁期だったから長期休暇は当然の措置だった。

ところが、急を要する事態となった。信長は、光秀をはじめ細川忠興《ただおき》ら数人の武将に先陣として直ちに出陣するよう命じ、これを受けて光秀は五月十七日には居城である坂本に戻って出陣の用意に取りかかっている。

この間に、実はもう一つの〝挿入ドラマ〟があった。ともに武田攻めに参陣した盟友・徳川家康が、戦勝祝いを述べに安土城にやってきたのだ。

家康の到着は五月十五日。奇しくも秀吉からの救援要請状が届いたのと同じ日だった。その饗応《きようおう》役はすでに光秀が命じられていたが、重ねて光秀には西国への出陣が命じられたことになる。

このため、光秀は饗応役を十七日で切り上げて坂本へと戻ったわけだが、このとき饗応に不手際があって信長をひどく怒らせた、という話が伝わっている。それが怨恨説の有力な根拠ともなっているのだが、最近ではこの一件を疑問視する史家も多い。光秀が饗応役を解任されたのは、不手際のためではなく、あくまでも緊急出陣の準備のためだったのではないか、というのである。

それはともかく。家康はたっぷりと饗応を受け、二十一日に安土をたって京都へと向かったが、このときは信長の嫡男の信忠が二千の兵を率いてともに入洛している。VIP家康の護衛の役目もあったのだろうが、同時に西国に出陣する「本隊」の先発隊でもあったのだろう。

問題は、この「本隊」である。

本隊というからには、もちろんそれは信長自身が率いる軍勢だ。信忠は副将でしかない。が、その軍勢はおそらく信忠の領国である尾張、美濃から集めるべきものだっただろう。

西国の雄、毛利は強敵である。

高松城を囲んでいる秀吉軍は、およそ一万。しかし、毛利軍の主力が押し出してくれば、とてもかなわない、というのが秀吉の緊急出馬を要請する理由だった。

そこで信長は、光秀の一万三千を山陰に回し、毛利の背後から襲わせようとしていたが、正面への増援指令はどのようなものだったのか。これがはっきりしない。

史料的な「曖昧さ」が、ここにもあるのである。

正面戦線への増援なしでは、秀吉の緊急要請にこたえることにはならず、信長がそんな対応をするつもりだったとはとうてい考えられない。光秀には後方からの攪乱を命じ、自らが本隊を率いて正面戦線に駆けつけようとしていた。そう考えるのが最も自然だろう。

信長は、安土城を築いたさい、自領の中核である尾張、美濃を信忠に譲っている。この二国から集める軍勢こそが、「本隊」となるべきものだったのではないか。もし、そうだったとすれば、その軍勢は少なくとも七、八千から一万は見込めたはずだ。

だが、それぞれの郷里に戻っている将兵に、予定を早めて集結するよう緊急指令が行き届くには、それなりの日時がいる。実は、信長の手薄な入洛は、それを待たずに先駆けしたためだったのではないかと、そう思えてならないのである。

わずか数十人という近従者だけを引き連れ、信長が入洛したのは、五月二十九日のこと。おそらくは、あと数日、十日とはかからないはずの軍勢集結を待たずに入洛を急いだのだとしたら、それはいったいなぜだったのか。

先乗りした信忠は、手勢とともに妙覚寺に宿営していた。が、信長はいつものように本能寺に入った。いかに自領内同然で不安がなかったとしても、わずかな人数での入洛、宿営という事態は、まさに油断そのものとしか言いようがない。しかし、その「油断」こそが、あるいは巧妙に仕掛けられた罠のせいだったのかもしれないのである。

そう考える根拠は、二つある。

本隊軍勢の安土集結を待たずに入洛したのは、何か急ぐべき理由があったからだろう。手薄、というリスクを承知で急いだ理由としては、茶の湯に関することだったとしか考えられない。なぜなら、信長は入洛した翌日、六月一日に本能寺で盛大な茶会を催しているからだ。

この日の茶会のために、信長は安土から三十八点もの名物茶器を運ばせている。そして、近衛前久《さきひさ》など大勢の公家衆を招いているのだが、なぜか博多の豪商、島井宗室《そうしつ》を正客としているのだ。殿上人の大勢居並ぶ中で、豪商とはいえ一介の商人が最上位に据えられたということは、いったい何だったのだろう。

この日。信長と宗室は初対面だった。が、実はお互いにぜひとも会いたいと願っているわけがあった。それは「楢柴《ならしば》」という銘の茶入《ちゃいれ》をめぐる思惑があってのことだった。

次の千利休の項でも述べるが、当時「楢柴」という茶入は天下の三大名物の一つと言われ、宗室が所持していたのだが、筑前秋月の城主、秋月種実《あきづきたねざね》に強奪されるという悔しい目に遭《あ》っていた。これを取り戻してくれる実力者は信長しかいない。天下の情勢を眺めて、宗室は密かにそう決意していたのである。

一方、茶道具集めに夢中になっていた信長も、当然「楢柴」の名は知っていた。というよりは、何とかして手に入れたいものだと密かに狙っていた。

——と、こういう二人が、初めて顔を合わせたのである。

そこには、双方の間を取り持って段取りをつけた人物がいた、と考えて間違いない。それは、宗室の知人であり、同時に信長に直に話のできるだけの地位にいた人物だったはずだ。

宗室の知人となると、商人衆か茶人の可能性が大きい。そうなると、信長の茶頭衆だった津田宗及《そうぎゅう》、今井宗久《そうきゅう》、そして千利休ということになる。いずれも堺の商人たちだ。

彼らは信長の側近くに仕えており、信長が「楢柴」に執着していることも熟知していたはずだ。そして、上京してきた宗室の日程を知らせることもできただろう。

このとき。宗室が六月二日には離京しなければならない、と知ったなら、信長はどうしたか。自分の入洛予定日まで待て、と言い、それではまたの機会に、とかわされたなら、どうしたか。はやる心に、つい油断が生じる隙はなかっただろうか。

一足早く上京して、軍勢の到着を待つ。ただそれだけのことだ。信長がそう思ったとすれば、そのとき彼の天命は終わっていたということになるだろう。

余談になるが、信長公記《しんちょうこうき》という史料には、このときの手薄入洛について面白い記述がある。信長はお小姓衆二、三十人を引き連れて上洛し、直ちに西国へと出向く予定であり、諸将には「お触れのありしだい出陣できるように用意しておけ」と命じてあった、というのである。そのために今回はお供の軍兵がいなかった、と記されてある。

だが、こんなバカな話はない。いかに信長が鬼神でも、こんな小人数で出向いて毛利とどう戦うというのか。信忠の手勢二千があったにしても、秀吉の求める「救援」にはほど遠いものだった。

ちなみに、信長公記には、本能寺の茶会の件は一行も触れられていない。そのことと重ね合わせると、先の記述が何を意味するか、くっきりと浮かび上がってくるのである。

つまり、信長は抜かったのだ。茶道具に目が眩《くら》んで誘い出され、まんまと罠にはまった。それは誰の目にも見苦しく映り、だからこそ、何とか隠蔽《いんぺい》しようと、信長公記の著者は苦心したのだろう。

信長の「油断」が仕組まれた罠だった、と考えるもう一つの根拠は、信長の行動内容を光秀がつぶさに知っていた、という点にある。

本来なら、五月十七日に安土を発った光秀に、その後の信長の行動内容は伝わるはずがない。光秀のほうが報告を送るのは当然だが、その逆はあり得ない。にもかかわらず、光秀は手薄入洛の状況を詳細に知っていた。だからこそ、暗殺ドラマは見事に成功したのだ。

信長の行動内容は、光秀が配下の者を使って調べていたのではない。通報者がいたのは明らかだ。なぜなら、光秀は本能寺襲撃の五、六時間前まで、味方の誰にも謀叛決行を打ち明けていない。それまでの間、たった一人で対処してきているのである。

光秀への通報者が、信長を罠にはめた人物だったことは、言うまでもない。

千利休

侘《わび》、寂《さび》の世界を忘れ、秀吉との戦いにのめり込んでしまった謎

〈一五二二～九一〉

戦いに敗れて生命を落とすのは武人に限ったことではない。茶人、千利休の死は、まさにそれだった。

時の権力者、秀吉の逆鱗《げきりん》に触れ、切腹を命じられたのは天正十九年（一五九一）二月のことだが、その理由は定かではなく、さまざまな説が取り沙汰されている。最も有力なのは、大徳寺の山門の上に自分の木像を安置したことが秀吉の怒りをかったという説だが、それだけではどうみても説得力が弱い。もし、それが事実だったとしても、その背後に二人の間の激しい確執、葛藤があったのは間違いなく、そうだとすれば〝真の理由〟はその確執、葛藤のほうにあった、ということになるのではなかろうか。

利休は、誰もが知っているように茶の湯の世界を完成させ、これを現代にいたる

までに広く普及させる土台を築いた人物だ。茶の湯の侘、寂という世界と、権力者との間の確執、葛藤などというものは、およそ対極にあると言っていいだろう。

利休ともあろう大人物が、なぜそこまで踏み込んでしまったのか。その真因を探っていくと、実はある茶入の存在が気になってくるのである。銘を「楢柴」というその茶入は、当時は天下の三大名物として知られていたものだが、この茶入をめぐって利休と秀吉との間にどのようなドラマがあったのかをご紹介しよう。

戦国時代の茶道具に関する〝価値観〟というものは、現代のわれわれには正確には理解できないのではないだろうか。単純に考えれば、宝石と骨董品を重ね合わせたような〝きわめて貴重で高価なもの〟だったのだろう。が、決してそれだけではなかった。

茶の湯を愛する者を当時は「数寄者《すきしゃ》」と呼んだが、単なる愛好者というようなものではない。確固とした信念を持って常に茶事の創意、工夫に励み、名物、大名物と呼ばれた茶道具の名品、名器を集め、後世に名を残すだけの覚悟がなければ数寄者と呼ばれる資格はなかった。

そうした者たちが、まさに命懸けで収集合戦を繰り広げていたものが茶道具だったのだ。宝石や骨董品の類との大きな違いは、そこにあったと言っていい。

茶道具は、茶碗をはじめ香合、花入、水指《みずさし》、茶杓、茶釜等々、数え上げればきりがない。床ノ間の掛け物や香炉、灰器、火箸、さらには懐石《かいせき》用具まであらゆるものが含まれるが、その中で数寄者が最も格の高いものとしていたのが茶入だった。

茶入というのは、抹茶を入れる陶製の小さな壺だ。大きさは小ぶりな湯飲みぐらいのもので、唐物と呼ばれる中国大陸からの輸入品だった。

もっとも、向こうでは茶入として作ったのではない。香油壺や薬味入れなどに用いられたものを、数寄者が茶入に見立てたのだ。

この茶入は、形によってさまざまに区分された。

口のところから横に肩の張ったものを肩衝《かたつき》。肩がなく、ふっくらと丸みを帯びたものを文琳《ぶんりん》。下膨れなものを茄子《なす》。横に平べったいものを大海《たいかい》、などという。そして、これらの中で、肩衝が最も格の高いものとされた。

つまり、おびただしい数の茶道具類の中でも、肩衝茶入が最も格上のものとされていたわけだ。さらに、この肩衝茶入の中でも、天下の名品とされる三大肩衝と呼ばれるものがあった。楢柴は、その一つだったのである。

ちなみに、あとの二つは「初花」「新田」という銘のもので、さすが天下に名の聞こえた名器だけに、これら三大肩衝については史料的な記録も数多く残っている。

戦国の当時、この三名器を手にしたものは天下をも制する、とさえ言われた。実際に初めて三つとも手に入れたのが秀吉であり、その後これらはすべて家康に渡った。そして、初花、新田は、ともに今も残っている。が、楢柴だけは、後述するように江戸城から忽然と姿を消してしまったのだ。その真相も、永遠に闇の彼方である。

数寄者たちが、いかに血眼になって名器の収集に奔走していたか。そのようすを偲ばせるエピソードの類も数多く残っている。

たとえば楢柴は、天王寺屋宗柏という堺の商人から博多の商人、神谷宗白に譲られたが、その値は一千貫文だった。今なら数千万円というところだろうか。

念願の楢柴を手に入れたものの、神谷宗白は間もなく倒産の危機に瀕し、今度はこれを博多商人の島井宗室に譲ったが、その値は何と二千貫文だったという。

これは単なる売買ではなく、数寄者同士の心意気もあっての値段なのだが、いずれにしても天井知らずのこうした現象に眉をひそめていたのが千利休だった。

天正十年（一五八二）六月、信長が亡くなった当時。

利休は安土城の茶頭衆の一人として、信長の信頼も厚く、隠然たる権勢を誇っていた。一部将の秀吉よりは重きをなしていた感があるが、やがて信長の死から一年後。賤ケ岳《しずがたけ》の合戦で勝利した秀吉は、天下人への地歩を着々と築いていく。利休も、このころから今度は秀吉の茶頭衆として仕えるようになった。

すでに六十歳をすぎた利休は、今や天下一の茶人であり数寄者だった。農民の小倅から権力者に成り上がった秀吉を、腹の底ではどのように思っていたか。何となく察しがつくような書状が残っている。

天正十一年六月二十二日付けで、利休が博多の島井宗室に出した便りには、次のようなことが記されてある。

「秀吉公は、去年から楢柴のことばかり言っている。今回は初花が家康公から献上された。確かに珍しい唐物ではあるが、私などそれほどとも思わない。あまりに大騒ぎするのはむしろ迷惑なことで、茶入も文句を言いたいのではないか」

心を許した数寄者仲間への便りだとしても、かなり辛辣な内容ではある。秀吉の目に止まったら、おそらくただではすまなかったはずだ。

利休は、唐物一辺倒という風潮を苦々しく思っていたのに違いない。唐物だ、名物だとばかり騒ぎ立てるのは、侘、寂という茶の湯の精神に反する。秀吉を見る冷やかな目と同時に、そんな思いがこの文面からは感じられる。

この後、長次郎という焼物の名工と出会って、利休は〝純国産〟の茶碗や香炉、茶入などを世に広めていくようになる。そのことを、処罰の理由と結びつける説もあるのだ。

利休切腹の真因については、やはり茶の湯に関するものだったと考えるのが、最も妥当だろう。

秀吉が利休の娘を側室にと望んだが、断られた。利休がキリシタンだった。あるいは、利休が朝鮮出兵に反対したため秀吉の怒りをかったのだ、などと諸説にぎやかだが、茶の湯と関わりのないものは、どうも説得力に乏しいような気がする。

茶の湯に関しては天才であり、絶対者だと、誰もが利休をそう認めていた。が、ただ一人、独裁者・秀吉だけは、いかに茶の湯のことだけではあっても、自分の上に立つ者を認めたがらなかった。

絶対者対独裁者。利休の切腹は、その戦いの果てにあったのではないか。

この両者の戦いは、たとえば黄金の茶室にも見ることができる。

侘、寂を大事にする茶の湯の心は、茶室の造りを質素なものとした。草庵《そうあん》で名器を扱う趣向を快しとしたのだが、秀吉は何と金ぴかの茶室をこしらえてみせた。質素、簡素の基準は、人によって違う。天下人にはこれでも質素なのだ。そう言いたげな〝反骨心〟が窺えるのである。

もちろん、秀吉があからさまに利休の茶の湯に反発していた、というわけではない。ただ、うわべとは裏腹に、二人の胸中には常に確執、葛藤があったのだろう。

秀吉は、天下一の茶匠を従えていることを誇示し、利休のほうには、仕えてはいても茶の湯の世界の支配までは受けない、という矜持《きょうじ》があった。そのぶつかり合った狭間に、図らずも楢柴という茶入が登場する。

二千貫文という前代未聞の価格で島井宗室のものとなった楢柴は、なおも数奇な運命をたどっていた。博多の秋月種実という小大名が、恫喝してこれを宗室から分捕ってしまったのだ。

種実は豊後の大友宗麟《おおともそうりん》と対立しており、宗麟が楢柴を欲しがっていると知っての挑発行為だった。宗麟は数寄大名として知られ、すでに新田を手に入れていた。楢柴には六千貫文を払ってもいいとまで執心していただけに、種実の仕打ちには怒り狂った。

直ちに宗麟は秋月城を攻めたが、その背後を、種実の求めに応じた薩摩の島津義久《しまづよしひさ》に攻められて苦戦する。人々は、これを楢柴合戦と呼んで戦火のおよぶのを恐れた。

やがて、秀吉の九州征伐が始まった。

島津と組んでいた種実は抵抗を試みるが、かなわないと覚り、楢柴を差し出して助命を乞う。秀吉はこれを許した。掌に乗る小さな茶入が、生命を救ったのである。

宗麟も新田を献上し、初花は所持していた家康から贈られ、秀吉は初めて三大肩衝をすべて手中に収めたわけだ。

九州征伐から凱旋してほどなく、秀吉は北野大茶会を催した。名実ともに天下を制した直後だけに、秀吉は得意の絶頂にあった。

この茶会では、もちろん三大肩衝も披露されたのだが、ここで興味深いのは、長いこと執着していた楢柴がせっかく手に入ったというのに、秀吉は自分の茶席でこれを使わず、利休に使わせているのだ。

これは、いったいどういうことだったのか。

楢柴のことばかり言っている、と批判していた利休に、あえて秀吉がこれを使うよう命じた。そういうことだったとしたら、その根は深い。そして、それ以外の理由はちょっと考えられないのである。

おそらく、秀吉の楢柴執心を利休がどう思っていたか、秀吉は察していたのだろう。このころ、すでに利休は長次郎に茶碗などを焼かせていた。そのことも、秀吉には苦々しく映っていたのかもしれない。

長次郎作の国産茶器は、数寄者たちにとって評価のしようがむずかしかった。いいものだと思ったにしても、前例がないだけに値のつけようがない。そういうとき基準になるのは、やはり利休の評価だった。つまり、利休は自由に国産茶器の値段を操作することができたわけだ。

これを秀吉が怒ったのだとする説は、すべてではないが半分は正しいだろう。

唐物対国産品、という茶の湯の上での二人の戦いがあったのは間違いない。しかし、利休の処罰には、秀吉の〝突然の怒り〟が感じられる。俗に言う、カッとなってのことだったと思われ、その点の説明がつかないのだ。

その激怒した理由を探るとき、楢柴の〝その後〟が、あるいは推理のヒントになるような気がするのである。

秀吉の没後、新田、初花とともに、楢柴も家康の手に渡った。そして、江戸城の奥深く、徳川家の家宝として大切に保存され、今日に至っている。ただし、それは新田と初花だけである。

明暦《めいれき》三年（一六五七）の大火は江戸城にも飛び火し、茶道具類を収納していた蔵にも火が入った。何とか運び出したものの、楢柴は破損してしまった。しかし、それは無事に修復されて、新田、初花とともに三名器は残ったのである。

ところが、この直後に楢柴だけが忽然と姿を消してしまう。

江戸城内での盗難、紛失などという事態は、ほとんどあり得ない。もし、そういう事態が起きたとしても、そのときは記録されたはずだ。が、楢柴は完全に抹殺されてしまった。

将軍家の家宝が抹殺された理由。それは、楢柴だとばかり思っていたものが偽物だった、と発覚した。それぐらいしか考えられないのである。

三名器のうちの一つだけが偽物、などということがあり得ただろうか。しかも、長いこと判明せずにいた、ということになると、これはよほど精巧な写し（模造品）とすり替えられていたのだろう。

そんなことができたのは、利休以外には考えられない。

利休なら、秀吉の茶頭衆として楢柴も自由に手にすることができたし、そっとそれを持ち出して長次郎に見せ、精巧な写しを作らせることも可能だった。陶芸の世界では、優れた作品の写しを作ることも大事な修業であり、名工、長次郎の腕をもってすれば、楢柴と寸分違わぬ写しを作ることもできただろう。

こうして楢柴の偽物をこしらえて、利休はいったい何を狙ったのか。唐物、唐物と騒ぐ秀吉に〝和物〟の楢柴を示し、国産技術の優秀さをアピールしようとしたのではなかったか。

まさに、これは茶道具の世界での二人の戦いだったに違いない。だが、利休は少しだけ手段を誤った。写しがあまりに精巧だったため、つい本物とすり替えてみたい誘惑に駆られたのではないか。案の定、秀吉はまるで気づかなかった。そのときこそ、利休は「勝った」と思ったに違いない。

しかし、再び本物と取り替える前に、秀吉に気づかれてしまったとしたら事態はどうなったか。鋭敏な秀吉のことだから、瞬時に利休の企みと、勝利の快感を味わったことを見抜いただろう。

権力者秀吉にとって、決して許すことのできない屈辱だったのは当然である。

徳川家康〈一五四二〜一六一六〉

豊臣家潰しを決意したのはいつか

家康の〝天下盗り〟は、信長、秀吉の強引さや力ずくの手法に比べ「鳴くまで待とうホトトギス」型だった、という評価が定着している。だが、これは家康が当時としては驚異的ともいえる心身共に健康的な長寿を保ち、その歳月をかけて徳川家の天下を不動のものにした、という経緯から生まれた錯覚にすぎない。熟柿《じゅくし》の落ちるのをじっと待つ、というのが家康の手法だったわけではないのだ。

むしろ、ここ一番というときには信長や秀吉をも凌ぐほどの強引さや力ずくの策が見られ、同時に乾坤一擲《けんこんいってき》の大勝負を挑むだけの戦国武将らしい豪胆さも備えていた。関ヶ原の合戦や大坂の陣はその典型と言っていいが、とくに大坂の陣を引き起こした謀略戦では、七十三歳という高齢とは思えないほど緻密な策を縦横にめぐらしており、その非凡さを際立たせているのである。

豊臣家は、天下人となった家康に臣従しようとしない唯一の大名家であり、この難問をどう解決するかが晩年の家康にとって最大の課題だった。

この課題解決のために仕掛けたのが大坂の陣であり、引き金となったのが京都・方広寺の鐘銘問題だったことは周知の通りだ。しかし、家康自身がその腹中で豊臣家つぶしの決意を固めたのが方広寺の梵鐘《ぼんしょう》完成のときだったわけではないだろう。

それでは、はたしてそれはいつのことだったのか。

慶長五年(一六〇〇)の関ヶ原の合戦の後、豊臣家はこれを家臣同士の争いだったとして静観する態度に出た。秀頼はまだ八歳でしかなかったが、生母の淀君は、あくまでも主家としての体面と威厳を保っていくべきだと考えていたのだ。

その淀君が、慶長八年二月に家康が征夷大将軍となったとき、歯嚙みして悔しがったのは言うまでもない。これで家康が幕府を創設し、天下に号令をかけることが明らかになったわけで、まさに主従の座が逆転する危機感に襲われたのである。

事実、このときを境に家康の大坂に対する態度はしだいに変化していく。

たとえば、この年の正月には、家康は諸大名に対してまず大坂城に出向き、秀頼に年賀の挨拶をした後、二日に伏見城の自分のもとにくるようにと命じている。だが、翌慶長九年の正月には、もはや元旦に諸大名がやってくるのを当然のこととして憚らなかった。

こうした態度は、慶長十年四月に将軍職を秀忠に譲ったときからさらに強まっていった。

秀頼に対して、諸大名と同様に新将軍への祝賀の挨拶を求めたのもその一例で、そうと知った淀君は半狂乱になってこれを峻拒《しゅんきょ》し、強要すれば母子ともに自害して果てるとさえ息巻いた。大坂には不穏な空気が充満し、町人たちはすわ戦争かと怯えたという。

だが、老獪な家康は直ちに六男の松平忠輝を名代として大坂城へ遣わし、決して無理強いするつもりはないことを釈明している。極限まで張り詰めていた大坂方の緊張感はこれで一気に緩和したのだが、実はこれが家康一流の手だった。

平穏な空気の漂っているところへ緊張状態を作りだし、いったんそれを緩和してみせた後によりいっそうの緊張感を煽る。そうした揺さぶりの中で、相手の動きを仔細《しさい》に観察しながら戦さを仕掛けるタイミングを計る。その巧みさは比類なく、おそらく天性のものだったのであろう。

秀忠が二代将軍となって、徳川幕府はめきめきと力をつけはじめた。それは、とくに秀忠の力量が優れていたからではなく、もはや幕府権力は徳川家によって世襲されていくのだと諸大名が覚ったことや、家康が大御所として将軍を背後でリモートコントロールする政治システムが大きな成果を発揮するようになっていたからだ。

それに反比例する形で、大坂方の危機感、焦燥感はいっそう増幅していった。

秀頼が成長すれば、関白の座に就いて天下に号令を発するのが当然なのだ、と淀君は盲信していた。非現実的なその考えがすべての元凶だったと言ってしまえばそれまでだが、気位の高い彼女は何とか徳川家から天下を取り戻したいものと激しく執念を燃やしていたのである。

神仏の加護を求め、社寺の造営に力を入れたのもそうした必死の思いの現れで、問題の方広寺の大仏殿再建工事も慶長十四年一月から大々的に始められた。

当時の豊臣家は、このほかにも多くの社寺再建、堂塔造営に巨額の資産を投じている。莫大な太閤遺産があったればこそできることだったが、家康はそうした動きを冷静に、そして詳細に観察していた。

表向きは波静かに推移していたこのような折り、慶長十六年の三月。家康は、突如として久々に秀頼に会いたいと言い出した。このとき、家康は後水尾天皇の即位の式に参列するため上洛していたが、成長した秀頼に会いたいとして上洛を求める使者を大坂城へと遣わしたのである。

大坂方ではまたも緊張感が高まった。

淀君は、会いたいというなら家康自身が大坂城へきて秀頼に拝謁すべきだと主張し、二条城に呼びつけるとは言語道断だとわめいた。だが、加藤清正や浅野幸長《よしなが》らが懸命の説得をつづけ、ようやくのことで会見が実現したのだった。

十九歳になっていた秀頼は、清正や幸長に付き添われて二条城へと出向き、家康と会った。清正らは、もしも秀頼に害が加えられるようなことがあったら、家康と刺し違えようと悲壮な決意を固めて臨んだというが、家康はあくまでも丁重に出迎え、高台院も交えて和やかな一時を過ごした。

無事に会見を終えたとき、清正らは心底安堵の思いに浸ったといい、それは大坂方の誰もが等しく抱いた思いでもあった。それこそが家康得意の〝緩急自在の策〟だと気づいた者は一人もいなかったのだ。

こうして、平穏ムードの中でやがて慶長十九年を迎えたのだが、方広寺の大仏殿造営工事も無事に終わり、めでたい落慶法要《らっけいほうよう》が行われようという直前になって、突然それまでの空気が一変する。

この寺は、かつて秀吉が創建したものだけに、豊臣家にとっては氏寺のような存在だった。慶長元年の大地震で破損したが、その後秀吉の死去などがあって再建工事も延び延びになっていたもので、その落慶法要はほかの社寺とは大きく異なる意味合いを持っていた。

とくに、鐘楼と仁王門が見る者を圧倒する見事な建築美を誇り、そこに据えられた巨大な梵鐘が豊臣家の繁栄祈願をこめたシンボル的な存在として衆目を集めていた。

その落慶法要の準備が着々と進んでいた慶長十九年の七月。徳川家お抱えの南光坊天海という僧が、天台宗を上席にしなければ参列しない、と表明したことから紛糾の火の手が上がった。

方広寺は天台寺院だが、一大落慶法要とあってその式典には各宗派から高僧を招くことにしており、こうした場合、その序列は暗黙の了解事項として主催者に一任されるのが通例だった。しかし、そこに天海のようなあからさまな主張が割り込めば、当然のことに対立する真言宗派も黙ってはいられない。たちまち反論が巻き起こり、大坂方はその悶着解決に大汗をかく羽目に陥った。

だが、大坂方は何とかこの悶着を収め、八月三日に法要を執り行うめどをつけた。ところが、今度は家康がこれに文句をつけたのだ。

法要は大仏開眼供養と堂供養を併せて行うものだったが、家康は、二つの供養を同時に行うのは不適当であり、堂供養のほうは十八日にすべきだ、という申し入れをしたのである。

しかし、八月十八日は秀吉の祥月命日《しょうつきめいにち》であり、この日は十七回忌の大祭を豊国神社で行うことが決まっていた。

このため、大坂方では重臣片桐且元《かつもと》を使者として家康のもとに遣わし、何とか予定通り三日に一括して法要を行いたいと交渉を始めることになった。家康の了解が得られなければ円滑な法要挙行が望めないことは明らかで、大坂方では且元の折衝手腕にすべてを託したわけだ。

ところが、ここで鐘銘問題が持ち出され、紛糾はさらに拡大していくのである。再建された方広寺のシンボル的存在として据えられた巨大梵鐘には、秀吉の信任厚かった清韓文英という僧の手になる銘文が刻まれていた。その中に「国家安康」「君臣豊楽」という句があるのに目をつけ、これは家康の名を分断して破滅を呪い、その一方で豊臣家繁栄の祈りを込めたものだ、として、銘文を削除すべしとねじ込んだのだ。

家康は、臨済宗五山の高僧たちにもこの鐘銘をどう思うかと問い質《ただ》し、ただ単に大坂方を挑発するための言いがかりと受け取られないだけの演出をしている。

また、儒学者として頭角を現しつつあった林羅山にも意見を求めたが、実はいずれの回答も家康に全面的に追従するものばかりと見込んでの〝大芝居〟だった。臨済宗五山の高僧たちには、半年ほど前に論語の一文の解釈を求めるという建前で呼び寄せ、たっぷりと寄進の餌を与えてあったし、羅山にも幕府で登用の道を用意してあったからだ。

高僧たちの回答は、一人を除いていずれも家康の主張を支持し、羅山にいたってはおよそ学者とは思えないほどにこの銘文をねじ曲げて解釈してみせた。

もちろん、銘文に家康への呪いが込められている、などという解釈が荒唐無稽なものだということは誰もがわかっていたのだが、事は学問上の解釈論議ではなく、今や重大な政治問題なのだという認識を徹底させたところが家康の凄さだった。

いずれにせよ、これだけ社会的権威の裏付けがなされると、鐘銘問題はもはや抜き差しならぬものとなってしまった。それだけに大坂方の憤激は大きく、急速に家康への敵対意識が高まっていったのである。

駿府に遣わされた且元だけは、何とかして家康を取りなし、和解の糸口を探ろうと必死になっていた。が、その且元に家康は会おうとせず、側近の本多正純を通じて大坂城内の不穏な動きを非難、糾弾するばかり。しだいに且元は、かなりの譲歩をしなければ家康との和解はむずかしいと思うようになっていった。

時はすぎて、すでに八月も終わりを迎えていた。もちろん、方広寺の法要などはとうの昔にどこかへ吹っ飛んでしまっていた。そして、且元の交渉がいつまでたっても埒があかないのに業を煮やした淀君は、腹心の侍女、大蔵卿局《おおくらきょうのつぼね》を駿府に遣わしてきたのである。

且元には会おうとしなかった家康が、この大蔵卿局には直ちに面会し「且元から聞いて大坂のようすはよくわかっている。不都合なこともあったようだが、自分はすべて聞き流しており、秀頼に悪意は持っていない」などと上機嫌で語った。

大蔵卿局は密かに安堵の胸をなで下ろしていた。家康がどのていど強硬なのか、本気で大坂攻めを考えているのか、その真意を探ってこいというのが淀君の指令だったが、どうやらそれほどのことではなさそうだと思えたからだ。

やがて大蔵卿局は、且元ともども大坂へ帰ることになった。

且元のほうは、駿府滞在中ついに家康には会えずじまいで、その大坂攻めの意思の固さをまざまざと実感していた。このため、何としてもこれを阻止するためには、秀頼が大坂城を出てどこか他国に移るか、秀頼が江戸に詰める。あるいは淀君が江戸に詰める――という三条件のどれかを実行しなければならないだろうと腹を括っていた。そして、大坂への帰路、そのことを大蔵卿局に語ったのである。

ただし、それを自分の考えとしてではなく、家康の内意だとして語ったのだが、これを聞いた大蔵卿局は大きな不審を抱いた。

自分が受けた家康の印象はきわめておおらかなものだったにもかかわらず、且元が屈辱的な三条件を家康の内意として示したのはおかしい。且元は家康に懐柔され、まわし者となって大坂に向かうつもりではないか、という疑惑が生じたのである。

大坂城へ戻った大蔵卿局は、家康が予想外に友好的だったと報告すると同時に、且元への疑惑も淀君に打ち明けた。一方、且元のほうも駿府の情勢を報告し、三条件のどれかを呑まなければ大坂攻めは免れそうもないと見通しを述べたのだが、すでに大蔵卿局から経緯を聞いていた淀君がそれを真に受けるはずもない。城内の強硬派はいっせいに且元の裏切りを糾弾しはじめ、暗殺の動きさえ出はじめた。

且元は、客観的に見れば、当時の大坂城中にあって、ほとんど唯一人まともな感覚をもって天下の趨勢《すうせい》を洞察していた人物だった、と言っていい。だが、その且元を、淀君、秀頼をはじめ強硬派の面々はこぞって裏切り者と罵り、その禄を奪って放逐したのである。

十月一日、且元は担当していた事務引き継ぎを終えて大坂城を後にしたが、期せずしてこの日、家康は大坂攻めの命を下したのだった。

老臣且元の失脚とともに、穏健派と目されたわずかな人々も潮の引くように大坂城を後にした。残ったのは淀君を囲む強硬派ばかりとなり、まさに家康の描いていた〝設計図〟通りになったわけだ。

家康に「鳴くまで待とう」の感があったとすれば、それはじっと時のくるのを待っていたということではなく、冷静、沈着な戦略眼を息長く保ち続けることができた、ということだろう。

晩年の家康にとって、豊臣家の問題は最大の懸案事項だった。

これを放置したまま自分が亡くなれば、徳川幕府にとって面倒なことになりかねない。何としても目の黒いうちに解決しておこう、という強い決意を胸中に保ち続けていたのは間違いない。

慶長十九年という時期にその解決に乗り出したのは、おそらく七十三歳という自分の年齢を考えての決断だったのだろう。この年の初めに、家康は密かにウィリアム・アダムズを通じて大量の鉛や火薬などを買いつけている。明らかに戦争の準備をはじめているのである。

しかし、豊臣潰しの決意を固めたのは、おそらくそれよりずっと以前のことだろう。二条城で十九歳の青年に成長した秀頼を見たとき、はたして家康は何を考えたか。老い先の短い己に比べ、秀頼の将来はあまりにも輝いて見えたのではなかったか。歳月の勝負では、絶対にかなわない。そう覚ったときから、家康の策謀は機動しはじめたように思われるのだ。

家康の策の緻密さに驚くのは、先に述べた臨済宗五山の高僧らの〝懐柔〟工作を、鉛や火薬の買いつけとほとんど同時期に行っていることだ。彼らを招いたのは三月七日のことで、このとき方広寺の巨大梵鐘はまだ完成していない。鋳造が終わったのは四月半ばのことなのだ。

もちろん、清韓文英の銘文は出来上がっていたから、すでに言いがかりの筋書きを作った上で高僧らを呼び寄せたとも考えられる。あるいは、このとき高僧らを手なずけたのは、後日役に立てようという魂胆はあったにしても、具体的な鐘銘問題まで考えていたのではなかったかもしれない。しかし、いずれにしても家康が先の先まで手を読んで布石を打っていたのは確かだ。

古今東西を問わず、戦争というものは事前に打った布石が多く当たったほうが勝つと決まっている。関ヶ原も大坂の陣も、家康の打った布石はことごとく当たった。海道一の弓取、とうたわれた戦国武将の面目躍如たるものがあった、と言うべきだろう。

伊達政宗〈一五六七～一六三六〉

徳川幕府に、副将軍格として一目置かれたのはなぜか

以前、ある雑誌で戦国武将の人気度調査なる特集記事を見て、ちょっと不満を覚えたことがある。一位が織田信長、二位豊臣秀吉で、これに上杉謙信、武田信玄、徳川家康と続くのはともかく、伊達政宗《だてまさむね》がかろうじて十位なのだ。明智光秀や石田三成、斎藤道三などよりも下とはどういうことか、と訝《いぶか》ったものである。

小生にとっては同郷の先人でもあるが、決してそのための政宗贔屓ということではない。政宗は間違いなく面白い人物なのだ。しかも、その生きざまが、現代のわれわれに多くのことを示唆してくれるという点では、群を抜いている。人気度が低いのは、要するに政宗という人物をよく知らないからに違いない。ちょっと不満に思った、というのは、そういうことだった。

関ヶ原の合戦で勝利した家康は、慶長《けいちょう》八年（一六〇三）江戸に幕府を開いた。

が、明治維新まで二百六十余年間続いた徳川幕府の盤石な体制が、直ちにできたわけではない。幕府の基礎が固まるまでには、おおむね四十年はかかったとみていい。元和《げんな》元年（一六一五）大坂の陣で豊臣氏を滅ぼした後も、まだ不安定な要因は少なからずあった。島原の乱を鎮圧したのが寛永《かんえい》十五年（一六三八）、鎖国体制が整ったのが寛永十六年（一六三九）で、このあたりでようやく幕藩体制なるものを永続できるメドがついた、と言えよう。

しかし、幕閣が密かに安堵したのは、実はこれより少し前。寛永十三年（一六三六）五月、伊達政宗が七十歳で亡くなったときだった。江戸開府から三十余年間は、政宗がいつ天下を狙って立ち上がってもおかしくない、という状態が続いていたのである。

鎌倉、室町の両幕府は、確かに将軍や執権の座を代々世襲してきた。しかし、百年余りも続いた戦国の乱世は、すでにそのような統治体制を当然とする〝常識〟を完全に忘れさせていた。むしろ、信長、秀吉と続いた「天下人時代」とでも言うべき二十余年間のうちに、統治者の交代を当たり前のこととする意識のほうが強まっていた。

実力のある者が天下を握る。信長も秀吉もそうだった。その秀吉が亡くなって、次は家康だろう。多くの大小名がそう思い、それと同時に、その次は政宗だろうと思っていた。それほどに政宗の実力は大きく評価され、認められていたのだ。関ヶ原の合戦を勝利した家康にとって、当面の課題は大坂対策だったが、最も意を砕いていたのは幕府の基礎固めと政宗封じ込め策だった。それは、まさに表裏一体をなすものだった。

家康は、開府と同時にそれまでの合戦で活躍してくれた武勲《ぶくん》派の重臣たちを徹底して排除した。そして、本多正信《ほんだまさのぶ》、正純《まさずみ》親子をはじめとする能吏タイプを登用していく。当然のことに、家臣団からは不満や非難の声が上がった。大久保彦左衛門は、その代表格として名を残したわけだ。

武勲派を幕政の中枢に置けば、必ずや政宗の挑発を受けて紛争が起こる。自分の亡きあとに合戦となれば、政宗にはかなわないだろう。家康は、そう読んでいたのである。

結果的に、この人事策が徳川政権の永続を可能にした。長期展望に立った施策は、とかく部下の反発を買うことが多い。が、トップたる者には、断固としてこれを推進するだけの見識が必要なのだ。政宗という人物をご紹介する一端として、ここではとりあえず家康に学んでおきたい。

家康は、大坂の陣から一年後に七十五歳で亡くなった。懸案だった豊臣氏を滅ぼした後、家康は武家諸法度、公家諸法度などの規制強化策を立て続けに打ち出す。すでに将軍の座は二代目の秀忠に譲っており、幕府の統治体制は着々と整いつつあった。しかし、政宗に対する警戒感は依然として根強く残っていた。

家康は、駿府《すんぷ》城で死を覚ったとき、政宗を呼んだ。そして、秀忠をもり立ててくれるよう手を取って頼んだのである。もちろん、それがどれほど効果のあるものなのか、一番知っていたのは家康自身だった。なぜなら、十八年前に秀吉に同じことをされたのは家康その人だったからだ。

家康は、臨終間際の秀吉から「秀頼《ひでより》のことを頼む」と手を取って懇願された半年後に、反逆の意思を明らかにした。大名家同士の縁組を秀吉は禁じていたのだが、家康は八歳の六男忠輝《ただてる》に政宗の六歳の娘をもらう、という婚約をはじめ、三組の縁談を公にしたのだ。政略結婚による連携強化の意図は当然あった。だが、遺命に反する、といきり立つ石田三成との間に紛争を起こし、諸大名がどちら側につくのかを見きわめるための策でもあったわけだ。そして、秀吉の死からわずか二年後には、関ヶ原の合戦で天下を取ってしまう。

秀吉が亡くなったとき、秀頼はまだ六歳。これに対して、家康が亡くなったときには秀忠は三十八歳で、れっきとした将軍の座にあった。この違いは決定的だったが、それでも家康自身も秀忠も、あるいは幕府の中枢にある人々も、政宗への警戒感を隠そうとしなかった。

ただし、幕府は政宗に対して締めつけを強めるようなことは避けた。いや、できなかったと言ったほうが正しいだろう。政宗は、眠れる虎だ。目を覚まさせるようなことはしないほうがいい。幕府に従ってくれるのなら、多少のことは大目に見よう。政宗にまつわるエピソードなどには、幕府のそうした思惑が感じられるものが少なくない。

政宗は、天下の副将軍と呼ばれた。制度上はないポストだが、そういう位置づけをしたのも懐柔策の一つだったとみていい。

また、参勤交代などで江戸にやってくる政宗に対しては、将軍が千住まで出迎えるしきたりだった。秀忠もそうしたし、三代目の家光もそうした。家光は、屈辱的なこのしきたりを嫌って抵抗したが、幕閣が懸命になってそれをなだめた。虎の目を覚まさないように、という配慮からのものだったことは言うまでもない。

家康が亡くなったとき、外様大名や幕府に不満を抱いていた者たちは、密かに政宗の決起を期待していた。天下人交代の好機到来、と思ったわけだ。当時は、大坂の陣で敗れた豊臣方の浪人が巷に溢れており、幕府側の浪人狩りもまだ厳しく行われていたころだ。戦乱が起こるには恰好の条件がそろっていた。

だが、政宗は動かなかった。隻眼《せきがん》の虎は、しっかりと時代の流れを洞察していたのだ。

天下万民のためには、固まってきた幕藩体制を維持していくほうがいい。自分の理想とする世の中を実現したい、という思いはもちろんあっただろうが、ここで再び戦乱を巻き起こすことのデメリットを考えれば、選ぶ道は自ずと決まったのである。

ただし、政宗はその腹の内を見せなかった。あくまでも、幕府に警戒感を抱かせ続けるような言動を取った。政治力を発揮するには、腹の内も手の内も決して明かすべきではない。そのことをよく知っていたからだ。

家康の死という事態を迎えて、政宗決起の情報は全国に飛び交った。そう推測する史料的な裏付けもある。豊前小倉城主の細川忠興《ただおき》が、政宗の挙兵近しとみて、出兵の用意をするよう長男の忠利《ただとし》に出した手紙が残っている。忠興は若いころから情報通で知られており、いいかげんな噂の類に惑わされるような人物ではなかった。それだけに、当時いかに政宗決起の情報が信憑性をもって飛び交ったかが窺われるのである。

政宗は、最晩年にいたるまで自分へのそうした警戒感を解かせなかった。諸大名が、幕府の締めつけに汲々として従う中で、ただ一人政宗だけは違った。いつ謀叛を起こすか。きっと起こすに違いない。そう思わせることで、幕府との間に常に緊張感を保ち続けたのである。

そうした、政宗らしさを如実に示す有名なエピソードがある。

寛永五年（一六二八）というから、政宗は六十二歳。徳川政権もすでに三代将軍家光の手に渡っていたが、あるとき、前将軍の秀忠が政宗の屋敷を訪れ、饗応を受けたことがある。政宗は自らお膳を秀忠の前に運ぼうとしたのだが、従臣の一人が「お毒味を」と進み出た。

政宗は、はったとその者を睨みつけると一喝した。

「無礼を申すな！　この政宗、上さまに毒を盛るようなケチな真似などはせぬ。天下を取らんとするときは、堂々と兵馬をもって勝負におよぶ。それが政宗のやり方じゃ」

何とも胸のすくような、痛快な啖呵《たんか》の切りようではないか。こうした話はえてして眉唾《まゆつば》ものが多いのだが、これは史実だったと認定されている話だ。

この秀忠は、これから四年後に五十四歳で亡くなるが、このときも死の床に政宗を呼んで家光を頼むと遺言している。まるで親子二代にわたって、恐々として政宗にへつらっていたようにさえ見えるのだが、幕府の威勢は決してそんなに脆弱《ぜいじゃく》なものではなかった。

何しろ、開府以来家光の代までに、全国で改易《かいえき》処分を受けた大名は六十家を超え、没収した総禄高は六百万石を超えているのである。それも、お家騒動や参勤交代の怠慢などという明らかな罪状ならともかく、実にささいなことで言いがかりをつけられて取り潰された大名家も少なくない。改易は、幕府の権威を知らしめるためのデモンストレーションでもあったわけだ。

そうした中での政宗の振る舞いである。下手をすれば、一気に取り潰しという目にも遭いかねないことを、政宗はなぜ続けたのか。それは、先にも述べたように、腹の内を読ませないことで政治力を高めるためであり、その力によって幕府の打ち出す諸々の規制をはねのけていったのである。

取り潰しなど、できるものならやってみるがいい。死なば諸共、刺し違える覚悟で一戦交えようではないか。そうした気構えを見せることで幕府の締めつけをはね返していったのは、江戸初期の仙台藩以外には見当たらない。

当時の仙台藩は、日本一の大藩だった。

幕藩体制の中で、禄高の最も多かったのは加賀藩前田家の百二万石、次いで薩摩の島津家が七十三万石。伊達家は六十二万石でしかない。大坂の陣のさいに、家康は政宗の庶長子である秀宗《ひでむね》を十万石の伊予宇和島藩主に取り立てた。これなども、大坂との決戦を前にしての政宗懐柔策だったのは言うまでもないが、これを加えても政宗の禄高は前田、島津には届かない。

しかし、これはいわゆる表高《おもてだか》で、実際の内高《うちだか》は仙台藩が断然トップだった。正確な数値は不明だが、百万石をゆうに超していたのは間違いないとされている。いや、そんなものではない。二百万石、あるいは二百四、五十万石ぐらいだったのではないか、と推定する歴史家もいるほどだ。

侯国の富、仙台の右に出ずる者なし、と言われたその秘密のカギは、他藩とは違った新田開発システムと、産米流通システムを連動させた独自の経済機構にある。それは、藩内だけでなく、全国の経済を牛耳っていたのである。

世の中が安定してくるにつれて、どこの藩でも新田開発には力を入れたが、仙台藩のそれは群を抜いていた。なぜなら、仙台藩では家臣たちに在地支配を許しており、みんなそれぞれ自分たちの土地を真剣になって開発したからだ。領地はすべて藩主の支配下に置き、家臣たちには禄を支給した他藩とは開発意欲がまるで違っていたのだ。いくら働いても給料が同じ、という会社のサラリーマンと、小さくても個人企業の経営者との違い、とたとえてもいいだろう。

ある意味では古い、中世的な、地方知行というこの制度が仙台藩の活力を生み出すもととなっていたのだが、その効用はそれだけではない。幕府は一国一城制を徹底させていったが、在地支配を建前とする仙台藩では、それぞれの知行地に家臣たちの〝城〟があった。城、という呼び名は遠慮したが、実態は城そのものだった。こうしたところでも、政宗は幕府の規制をはねつけ、独自の藩政を推進していたのである。

さらに、こうして大幅増産された米を、政宗は江戸、大坂に売り込む流通システムを整えていった。

新しい首都となった江戸には、武士、商人、職人衆などが続々と集まり、この人口急増に食糧の供給がなかなか追いつかないありさまだった。

仙台藩では、買米《かいまい》という仕組みでこの江戸市場に産米を売り込んでいった。

買米というのは、田植えの段階で一定の見込み収穫量を藩が買い上げる仕組みだ。年貢や自家消費量を除いた、言わば余剰米を予《あらかじ》め買いつけるのである。その値段は収穫期よりはだいぶ低いものだったが、生産者のほうは確実に現金収入を手にできるメリットが大きいし、藩のほうは収穫後の産米を江戸、大坂に運んで売れば大幅な利ざやを稼げることになる。生産者は、この前渡し金を御恵《おめぐみ》金と呼んだと言われている。

この流通システムが江戸の米市場を大きく牛耳った。江戸の米は三分の二は仙台産だとさえ言われたほどで、相場は仙台米を基準にして立てられた。幕府の経済統制ももちろん厳しいもので、どの藩でもこうしたことができたわけではない。政宗だからこそ、黙認されたことだった。斬新なアイデアが大きな成果を生んだのも、背景に政治力、実力があったからこそだったと言えよう。

江戸や大坂に運び込まれる産米を「廻米《かいまい》」と呼んだが、大量搬入を可能にするために必要なのが輸送システムの整備だった。仙台藩は、常に二、三十万石の産米を送り出し、江戸廻米の大半を独占していたのだが、その大量輸送を支えるための水運業の振興や治水事業を見逃すことはできない。

仙台藩の中央部には北上川の流れがあり、これに多くの支流が注ぐ。政宗は、この広大な流域の治水事業を積極的に進めた。それは、新田開発にも役立ったが、同時に産米を運び出す水運業の振興のためでもあった。当時は、舟に勝る輸送手段はなかったのだ。

さらに、この北上川の河口に港を設け、ここに領内から集まってくる買米の集積倉庫や船積み施設を整備した。これが石巻港《いしのまき》である。政宗を語るときには、支倉常長《はせくらつねなが》の遺欧使節を避けては通れないが、おそらく政宗はヨーロッパとの貿易促進を夢見ていたと思われ、その暁には、石巻港を長崎や堺のような国際貿易港にするつもりだったのだろうと言われている。

領内の河川の治水、河道整備。水運業の振興。河口港の整備。海運業の振興。そうした諸々の施策が、すべて多角的な意図をもって行われた。政宗という人物は、決して単純ではなかった。常に複眼思考に徹していた。

独眼竜と呼ばれた人物を〝複眼思考〟と評するのは失礼かもしれない。だが、埋葬されていた頭蓋骨の大きさから、脳の重さが常人をかなり上回っていたと推定されるそうだから、鋭敏な頭脳で回転が鋭かったことはご理解いただけるだろう。

政宗に天下を取らせてみたかった。その思いは、政宗ファンなら誰もが持っているはずだ。チャンスは二度あった。その一は、関ヶ原の合戦に家康が赴いたとき。西上する家康に、上杉、佐竹という西軍方の雄藩と提携して背後から攻めかかれば、おそらく徳川幕府は成立しなかったはずだ。

そして二度目のチャンスは、支倉常長《はせくらつねなが》のヨーロッパ派遣が成功していれば、である。政宗自身にも、最後の大勝負という思いがあったのではないかと思われるのだが、ソテロという宣教師が胡散《うさん》臭い野望をあらわにしたことでスペイン、ローマの信用を得ることができなかった。要するに、天が味方しなかったのである。

だが、それでよかったのだろう。実力があっても、必ずしも結果につながらない場合がある。そのことを、政宗は後世の者たちに教えてくれたような気がするのだ。それを不運と思って嘆いたり、諦めたりするのではなく、むしろバネにして人生を切り開いていく。そうしたことの大切さを、政宗は身をもって示してくれたのではなかったか。

「曇りなき心の月を先立てて　浮世の闇を照らしてぞゆく」

これが政宗の辞世の歌である。

終生、おのれに恥じることなく、心に一点の曇りもなく、堂々と王道を闊歩《かっぽ》し続けた人生がしのばれる歌だ。

政宗は、よく「遅れてきた戦国大名」と言われる。あと十年早く生まれていれば、おそらく天下取りレースに参加できただろうという意味だ。しかし、もし政宗が天下人になっていたなら、ナンバー2でありながら心意気だけは常にナンバー1に負けない、という素晴らしい先人を得られなかった、ということになるのだ。

第三章

幕末動乱のミステリー

徳川斉昭〈一八〇〇～六〇〉

七男の慶喜に幕府再興を賭けたのはなぜか

水戸藩には、いろいろな不思議がある。

徳川御三家の一つにしては、ひどく貧しかったこと。全国諸大名の中で、唯一参勤交代を免除されていたこと。二代藩主、光圀《みつくに》は全国各地など回ったこともないのに、黄門さまの諸国漫遊記が一人歩きして有名になったこと、等々。

官職にはない「副将軍」という呼び名も、一人歩きしてしまった例だろう。

御三家とは、家康の九男義直《よしなお》が尾張、十男頼宣《よりのぶ》が紀伊、十一男の頼房《よりふさ》が水戸の各藩を与えられ、徳川将軍職を補佐するとともに、本家相続の資格のある家柄として発足した三藩をいう。

序列は尾張、紀伊、水戸の順だったが、官位は上位二藩が三位中将から二位大納言へと昇るのに対して、水戸藩は四位少将から三位中納言止まりとされた。

禄高も、最終的には、尾張六十二万石、紀伊五十五万石、水戸は三十五万石。

さらに、上位二藩は諸大名と同様に参勤交代を義務づけられていたが、水戸藩主のみは定府勤務、つまり常に江戸の藩邸にいなければならないとされた。

こうした格付けの違いから、いつしか世間では、水戸藩主を「副将軍」と呼ぶようになった。

本来なら、上位二藩と同様、本家の将軍職を相続する資格があったはずなのだが、水戸藩主だけは将軍にはなれない。一段低い、補佐役でしかない、と揶揄したのだ。伊達政宗が、次の天下人への期待もこめて「天下の副将軍」と呼ばれたのとはだいぶ意味合いが違っていた。

幕府に対する御意見番とか、天下の御政道にもの申す、といったカッコいい呼び名では決してなかった。藩士たちは、ぐっと悔しさをこらえていたのだが、尾張からは出なかった将軍がその水戸藩から誕生したのだから世の中はわからない。

しかし、慶喜《よしのぶ》の父、斉昭《なりあき》は、決してそのような俗っぽい怨念から、わが子を将軍職へと押し上げていったのではない。

時は、まさに幕末の動乱期にさしかかっていた。この難局を、今の幕府では乗り切れそうもない。そうした危機感を、いち早く抱いたのが斉昭だった。

先見の明がある、とか、炯眼《けいがん》の持ち主などという表現がよく使われるが、そうした呼び名にふさわしい人物は、実際にはそう多くない。

だが、斉昭という人は、その肖像を見ただけで、おそらくそう呼ばれるにふさわしい人物だっただろうと想像がつく。

切れ長な、大きな目。その眼光の鋭さ。聡明そうな広い額。人は見かけによらないもの、などと言うが、見た目の印象というのは案外当たっているものだ。

これも水戸藩の不思議の一つ、などと言っては失礼に当たるだろうが、水戸藩主には名君、賢君が多い。

初代頼房から十一代目で廃藩置県となったが、歴代藩主ともよく藩内を治め、その名を残している。

名君の筆頭は、水戸黄門で知られる二代光圀に譲るとしても、斉昭もベスト3には入るだろう。とくに斉昭の場合は、藩政における手腕と同時に、国政の場で重きをなしたことが著しい特徴と言える。

斉昭は、水戸家の第七代藩主、治紀《はるとし》の三男として寛政《かんせい》十二年（一八〇〇）に生まれた。幼少のころは、元気いっぱいやんちゃぶりを発揮していたらしい。

早くからその聡明さも光っており、幼年から藤田幽谷《ふじたゆうこく》の高弟、会沢正志斎《あいざわせいしさい》に学んだ。斉昭と水戸学との出会いが、ここから始まったわけだ。

だが、文武ともに秀でた才に恵まれていても、封建社会に生まれた三男坊が日の目を見ることは少ない。斉昭も、三十歳まで部屋住みという、つらい青春の日々をすごしていた。

もしや一生このまま飼い殺しの身かと、悶々としたこともあっただろう。が、八代藩主の座にあった長兄の斉脩《なりのぶ》が亡くなったことで大きな転機が訪れる。その嫡子《ちゃくし》がなく、次兄は早世していたことから、後継藩主への道が開けたのだ。

表舞台に躍り出ると、斉昭は水を得た魚のごとく積極的に手腕を振るいだす。藩校・弘道館《こうどうかん》を開き、藩政改革に取り組み、文武を奨励し、藩内すみずみまで質素倹約を励行させ、財政の立て直しを目指した。

藩主は江戸常駐と決まっていたため、これらの改革は会沢や藤田東湖《とうこ》らを抜擢し、重く用いてのリモートコントロールで行われた。が、やがてそれでは飽き足らなくなり、斉昭は自ら藩政改革を進めたいとして、幕府に一時帰藩を願い出た。藩主になって十二年目のことだった。

攻勢終末点、という戦争用語がある。図に乗って攻め込みすぎると、戦線が延びきったところを叩かれてしまう。ある一線を越えてはならない、ということで、まさに個々の人生にも当てはまるものだろう。

斉昭の藩政改革に幕府は好意的だったのだが、水戸に帰って三年後。突然、隠居、謹慎を命じられてしまう。斉昭は、やりすぎたのである。

水戸藩主の座に就いてからの斉昭は、藩政改革と同時に国政の場でも大いに発言しはじめていた。

諸大名とは違い、御三家の一つという立場はその発言も重く受け止められる。しかも、その真意がさまざまな憶測を呼んだり、政争の具に利用されたりすることも少なくない。

斉昭の場合は、言うまでもなく水戸学派の説く尊皇攘夷論を大いに喧伝することが発言の狙いだった。

今や日本は内憂外患の渦中にある。この難局を乗り切るためには、尊皇の精神を広め、徹底した攘夷策を断行しなければならない。

斉昭は、折りあるごとにそう持論を説いた。

だが、その主張は、しだいに幕府への批判的な意見とみられるようになった。隠居、謹慎を命じられたのも、謀叛の疑いあり、という理由からだ。藩政改革と併せて、攘夷策に備えての軍備充実を急いだことが災いしたのである。

このとき斉昭四十五歳。失意は大きく、以後は掌中の珠と育てた慶喜への期待をいっそう膨らませていくことになる。

慶喜は、斉昭の七男坊。幼名は七郎麿といい、天保《てんぽう》八年（一八三七）に江戸藩邸で生まれた。が、ほどなく水戸へ移され、ここで成長する。質実剛健の気風の中で育てたい、という斉昭の方針からだった。

そして、五歳のとき。父斉昭が、藩政改革のため水戸に戻ってくる。このときから、有名な斉昭のスパルタ教育が始まったのだ。

水戸では、五郎麿、八郎麿、九郎麿などという異母兄弟と一緒の暮らしだったが、食事は朝夕とも一汁一菜、着物や布団は木綿か麻に限られた。学問と武道の日課は厳しく、これを怠ったり父の言いつけを守らなかったりすると、きついお灸が待っており、ときには座敷牢に押し込められた。

もっとも、そうした罰を受けるのは、ほとんど慶喜一人に限られていた。腹違いの五郎麿は、兄とは言っても慶喜とは同い年。幼なじみのような間柄で育った。その五郎麿のほうは、いわゆるよくできた子で、やんちゃな慶喜とは対照的だった。

やんちゃ坊主と優等生タイプ。慶喜と五郎麿には、そんな違いがあったが、父の斉昭は早くから慶喜の才を見抜いており、やがて一橋家への養子入りという形でそれが花開いていく。

優等生タイプが悪い、ということではあるまい。ただ、激動する時代にリーダーシップを取れないことは確かだ。斉昭は、そのことをわかっていたのだろう。

斉昭には子が多かった。正室、側室合わせて男二十二人、女十五人という〝子福《こぶく》者《しゃ》〟だった。早世した者も多いが、それでも十三男七女が育っている。

男児は、嫡男だけが鶴千代麿と縁起のいい名で、あとは順に次郎麿、三郎麿という具合。これだけ大勢いた子供らの中で、斉昭は七男坊の慶喜に格別に目をかけた。よほど光るものを見出していたのだろう。

慶喜が六歳のころ。斉昭はすでに「七郎麿はあっぱれ名将とならん。されど、よくせずば手に余るべし」と、東湖に語っている。

しかし、いかに御三家の当主ではあっても、これだけ多くの子らを生涯抱え込むわけにはいかない。娘は嫁にやればすむが、跡取りの嫡男以外の男児は、いい養子口を見つけて自立できるようにしてやる必要があった。

その養子先によって息子らの人生が決まるわけで、斉昭もかなり心配りをしたらしい。が、ここでも斉昭は慶喜だけを別格扱いしているのである。

この当時、斉昭のような子福者もいたが、逆に後継嫡子のない例も少なくなかった。家名を絶やさないためには養子を迎えなければならないのだが、相手先の格式や人物の見極めなど、養子探しもまた苦労が多かった。

男児の多い水戸家は、さしずめ恰好の〝供給源〟と見られていたらしく、あちこちから養子の口がかかった。とりわけ、逸材と評判の高い慶喜を名指しの申し込みが多かったが、斉昭はいつもそれらを断った。

嫡男に万一のことがあった場合、慶喜を控えとして残すのだ、というのが断りの理由で、その代わりに他の兄弟たちをせっせと送り出してやったのである。

だが、それが斉昭の本音だったのかどうかは、いささか疑問だ。というのは、慶喜が十一歳のとき、一橋家から養子の申し込みがあると斉昭は喜んでこれを承知している。一橋家は御三卿と呼ばれ、将軍の出る家柄の一つなのだ。

慶喜が一橋家入りしたのは、斉昭が失脚した三年後のことになる。すでに謹慎の処分は解けていたが、それでも政界の第一線への復帰はもはや無理だった。

おそらく、斉昭は政界の牽引車たらんとした自分の夢を、慶喜に託したのだろう。そのときに備えて、多くの養子口を断り続けてきたのではなかったか。

子を見るに親の目ほど確かなものはない、と古人は言っている。昨今の親たちに、はたしてそれだけの自信があるだろうか。

慶喜の一橋家入りは、思いがけなく転がり込んできた幸運ではない。わが子に夢を託していた斉昭の、言わば筋書き通りに運んだものだった。

御三卿というのは一橋、田安、清水の三家を言う。八代将軍の吉宗《よしむね》の子らを祖とし、将軍家の嫡子が絶えたさいの備えとして創設されたものだ。

本来、それは御三家の役割だったわけで、紀州家から出た吉宗の将軍職独占策と言えないこともない。だが、幕末のこの当時、とにかく御三卿はそのような立場にあった。

その一方で、時の十二代将軍家慶《いえよし》の嫡子、家定《いえさだ》には子がなく、しかも病弱なことから、将来とも跡継ぎをもうけることは無理だろうと見られていた。つまり、十三代目は家定が継ぐとして、その次の将軍職は外から迎えられることがほぼ確実な情勢だった。

こうした、次の次を狙う将軍レースを、斉昭はじっくりと展望していたのである。将軍職を狙える資格のあるのは、一橋、田安、清水の三家、および尾張、紀伊の二藩の当主だ。副将軍の水戸家には、残念ながら出番の回ってくる可能性はない。しかし、その一橋家には嫡子がなく、養子を迎え入れることになっていた。

こうした中で、それぞれの人物の力量、評判、あるいは年齢などを勘案し、慶喜には大いにチャンスがある、と斉昭は踏んだ。

幕閣への根回しや、将軍家慶への支持取り付けなどにも怠りはなかった。家慶自身も、次の次を心配していただけに、聡明の聞こえ高い慶喜ならばと期待を寄せていく。鷹狩りのさい、本来は将軍継子がやるべき役を慶喜にと指名して周囲を慌てさせた、などというエピソードも残っているほどだ。

斉昭の策は、こうしてほぼ完璧に近い形で順調に進んだ。が、好事魔多しとも言う。あまりの評判のよさと順調な〝売り出し〟に、家定の周囲の者たちから反発が強まったのだ。

とくに、大奥の慶喜嫌いが激しくなり、政局の混迷に拍車をかけていく。大奥では、もともと水戸の質実剛健な気風が嫌いだった。

結局、慶喜はこのときの将軍レースに敗れ去る。そして斉昭は、慶喜の将軍就任を見ることなく亡くなるのだが、やはり斉昭はやりすぎたのかもしれない。

大奥は、水戸の気風だけでなく、多くの側室を持つ斉昭を女好きだとして嫌っていた。英雄色を好む、などと粋がっていると足元をすくわれるのは、いつの世でも変わりないらしい。

■ 徳川氏略系図

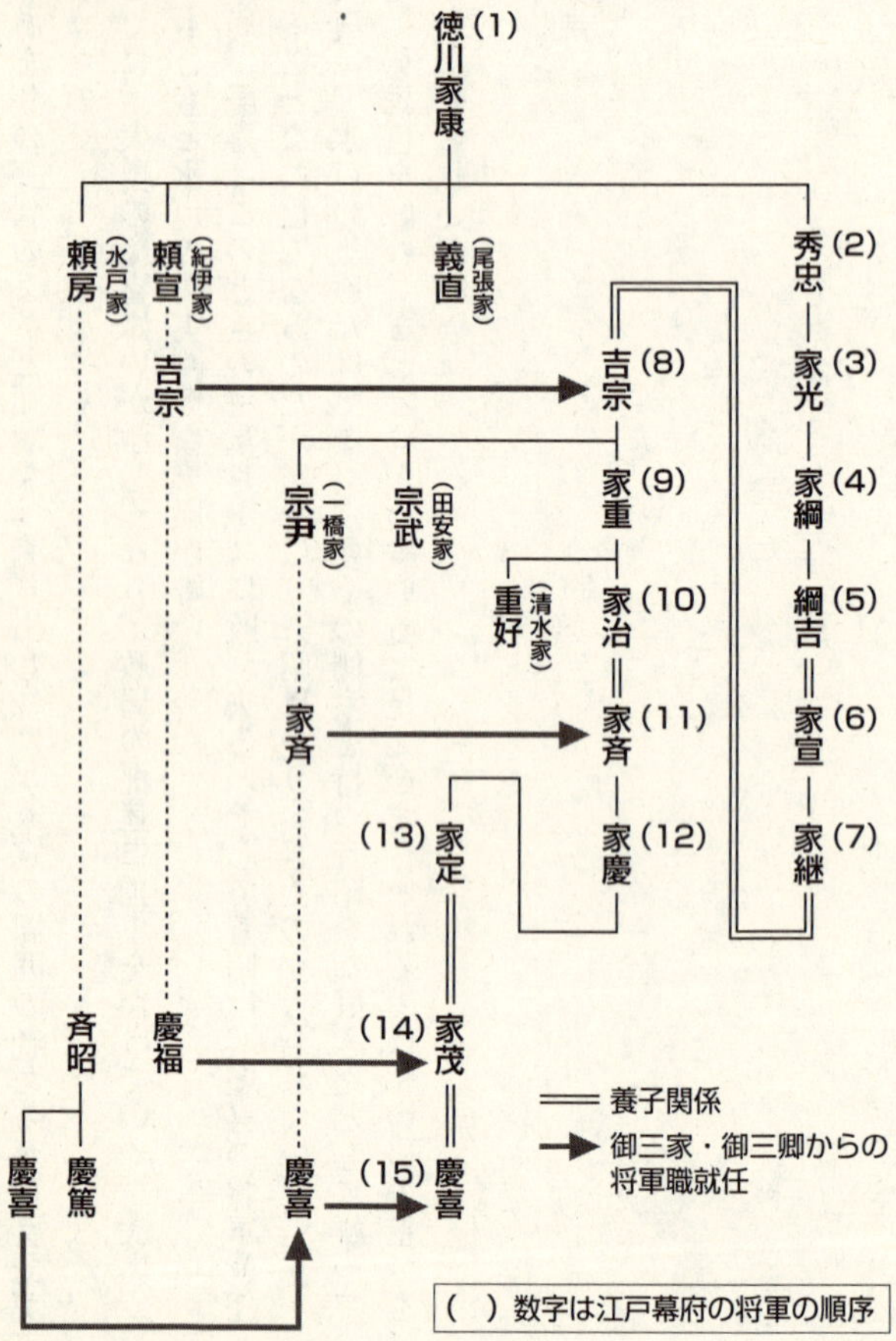

徳川家康 (1)
頼房 (水戸家)
頼宣 (紀伊家)
義直 (尾張家)
秀忠 (2)
吉宗
吉宗 (8)
家光 (3)
宗尹 (一橋家)
宗武 (田安家)
家重 (9)
家綱 (4)
重好 (清水家)
家治 (10)
綱吉 (5)
家斉
家斉 (11)
家宣 (6)
(13) 家定
家慶 (12)
家継 (7)
斉昭
慶福
(14) 家茂
慶喜
慶篤
慶喜
(15) 慶喜
養子関係
御三家・御三卿からの将軍職就任
( ) 数字は江戸幕府の将軍の順序

藤田東湖〈一八〇六～五五〉

水戸学が討幕の志士たちを惹きつけた謎

幕末期に盛んな注目を集めたものに「水戸学」がある。

文字通り水戸に発達した学問で、簡単に言うと、朝廷を敬い、封建秩序を維持することの大切さを説いたものだ。それは、とりも直さず徳川幕府の安泰を狙った政治思想理論であり、御三家の一つである水戸藩にふさわしいものだった。

ところが、この水戸学がしだいに勤皇の志士たちの心をとらえ、やがては討幕運動の精神的中核をなすようになっていく。

これほど不思議なこともないのだが、その背後には、水戸学派の指導者として大きな足跡を残した藤田東湖という人物が浮かび上がってくる。東湖は、父親の藤田幽谷とともども親子二代にわたって水戸学派をリードした人物で、東湖を知るにはまず幽谷から眺めてみる必要があろう。

幽谷は、安永三年（一七七四）に水戸下谷で生まれた。が、実は藩士の家柄ではない。生家は古着屋で、身分制度の厳しい社会では本来なら歴史に名など残せるはずもなかった。

ところが、幼いころから抜群の頭のよさが評判となり、神童と呼ばれ、それが藩の首脳部の知るところとなった。そして、十五歳のときに水戸藩の一大事業である「大日本史」を編纂する彰考館《しょうこうかん》への勤務を命じられたのだ。

これは、誰もがアッと驚く大抜擢だった。

彰考館には、藩内から厳選された俊才ばかりが登用された。ときには藩外の著名な学者が招かれることもあり、メンバーは四、五十人ほど。幽谷はもちろん最年少で、やがて士分に取り立てられ、三十四歳で彰考館総裁へと出世していく。

「大日本史」の編纂は、水戸藩二代目藩主だった徳川光圀《みつくに》が始めた大事業で、神武朝からの歴代天皇史を綴り、皇国史観の根幹を形作ったものだ。

幽谷は、この編纂業務に携わる中で独自の政治思想を生み出していく。そして、それが子の東湖をはじめとする多くの弟子たちへと引き継がれていった。

古着屋の小倅でも、優秀な人材とみれば藩の中枢部に迎え入れる器量が、水戸藩にはあった。そうした勇気ある組織こそが、いつの世でも歴史を作っていく。

東湖は、水戸藩彰考館総裁である藤田幽谷の次男として文化三年（一八〇六）に生まれた。名は誠之進というが、号の東湖のほうが通り名となっている。二十一歳のときに父、幽谷を失い、その家督を継いで彰考館に勤めるようになる。それ以前に、文武の修学に励んでいたことはもちろんだ。

東湖の出世も速かった。

二十四歳で彰考館の総裁代理となり、幽谷から受け継いだ政治思想をさらに磨き上げ、いわゆる後期水戸学と呼ばれた思想体系を完成させる。これこそが、この先、日本全土を幕末へと牽引していく原動力となるのである。

水戸学というのは、光圀が始めた「大日本史」編纂の根幹にある、朱子学的歴史観を言う。簡単に言えば、尊皇賤覇の思想ということになろうか。

つまり、皇統を戴く朝廷こそが最も尊いもので、武力によって覇権を打ち立てた幕府は卑賤なものだ、という考えかただ。

幽谷から東湖へと引き継がれ、形が整えられた後期水戸学も、当然ながらこの尊皇賤覇思想が土台になっている。が、外国船の到来が頻繁になり、鎖国を続けることがむずかしくなりつつあったご時世だけに、さらに過激な理論武装が施されたと言っていい。

それが、いわゆる尊皇攘夷論だ。

日本は神国であり、夷敵《いてき》の上陸を許すことはできない。外国人を国内に入れることは、皇土を汚すことになる、という、きわめて過激な考えかたである。

この尊皇攘夷論が、やがて討幕の志士たちを育てていったのだが、幽谷や東湖は決して単なる理論として主張していたのではない。その過激さをしのばせる、有名な逸話がある。

東湖が十九歳のとき。水戸藩北部の大津浜という海岸に、外国船が漂着した。この当時、日本の各地にはアメリカ、ロシアなどの船が次々と姿を見せていた。交易を求めるものや、食糧や水、薪を求めるものなどさまざまだったが、そうした一隻が水戸藩にも現れたわけだ。

その一報を聞き、幽谷はわが子東湖に大津浜に急行し、直ちに異国人を皆殺しにせよと命じたのだ。

幸いなことにその外国船はすぐに姿を消し、東湖の急襲は間に合わなかった。自分の思想を、これだけ確信をもってわが子に押しつけられるというのも現代人には驚きだが、それぐらいの信念がなければ他人を動かすことはできないのだろう。

後期水戸学の尊皇攘夷論は、たちまち憂国の志士たちの心をとらえ、全国から多くの若者が教えを求めて集まってきた。

だが、それは決して討幕論を説いたものではなかった。水戸藩は徳川御三家の一つであり、その水戸藩から討幕思想が出てくるはずもない。

それでは、東湖らが唱えた尊皇攘夷論というのは、いったいどういうものだったのか。

先には、一口に言って尊皇賤覇という考えかただと説明したが、これは朝廷が尊くて幕府はダメだ、というものではない。皇統を戴く朝廷が日本では何にもまして大切なのだ、ということをまず大本に据える。話は、そこからである。

封建社会にあっては、上下の秩序というものが絶対的に守られなくてはならない。人民の最頂点に立つのは幕府の将軍であり、その下に大名、藩士、庶民と連なる。したがって、この順に、下から上へと尊敬の心を持って服従しなければならない、と説くのである。

つまり、将軍こそは常に最上位にある朝廷を敬わなければならない、と戒めているのだが、それは決して幕府を卑しめているのではない。むしろ、その下位にある者たちの尊敬と服従を求めることが眼目なのだ。

朝廷最上位と封建秩序という二つの考えかたを完全に定着させれば、これほど幕府権力の安泰な社会はない。水戸学派の主張する尊皇論は、まさにこれが眼目だったわけで、御三家の一翼としての役割を見事に果たしていたと言っていい。

しかし、この理論には、朝廷を徹底して権威づけることで幕権の強化を図る、といった意図がどうしても見え隠れする。そう曲解されることを恐れてか、皇統の尊さや神国の意義づけなどに、いささか誇大なもっともらしさを盛り込んだ。

尊皇論と結合させた攘夷論も、皇土は神聖にして不可侵、という大げさな理念から出てきたものだった。もちろん、その根底には外国からの侵略への強い危機感があり、それが人々の心をとらえたのだった。

東湖の整えたこの尊皇攘夷論は、封建幕藩体制を堅持していく上で揺るぎないものと思われた。が、やがてその理論の持つ完璧さゆえに自壊作用を起こし、討幕論の主柱となっていく。

時代が変わるときには、それまで通用していた思想や哲学が無残にも踏みつぶされていく。それが歴史の法則である。現代にあっては、経済優先思想がまさにその運命にあるのではないかと思われるのだが、それはともかく。幕府権力の強化、安泰を目指した尊皇攘夷論が、なぜ一転して討幕思想の主柱となったのか。

朝廷を敬い、封建秩序を徹底することで幕府を守ろうとした東湖の理論が、内憂外患に心を傷める若者たちの間に深く浸透しつつあった、まさにそのとき。ペリー提督がやってきた。

黒船に脅えて和親条約を結んだ幕府に、アメリカは続いて通商条約を迫ってきた。追い詰められた幕府は、鎖国政策の廃止という重大事を単独では決めかね、勅許を得ることでこの事態を切り抜けようとした。

何しろ、攘夷論が猛烈な勢いで高まりつつあった。及び腰の幕府は、尊皇の姿勢を示し、朝廷の権威を借りてこの難局を乗り切ろうとしたわけだ。

それ以前にも、重大案件に勅許を求めたことはあるが、それは言わば形式的なものにすぎなかった。朝廷は、幕府から勅許を求められれば常にこれを与えていたのである。

ところが、今度ばかりは違ったのだ。

時の孝明天皇は激烈な攘夷主義者で、絶対に条約調印の勅許を承知しない。そのうちにアメリカとの約束の期限がきて、ついに幕府は勅許なしで日米修好通商条約を結ぶはめになった。

それを断行した大老・井伊直弼《なおすけ》には、ごうごうたる非難が集まった。井伊は、その非難に安政の大獄をもって対抗するが、ついには暗殺されてしまう。

井伊を襲撃したのは水戸の浪士たちだったが、それは頑迷な攘夷主義からだけのものではなかった。尊皇、封建秩序の堅持を説いた水戸学を幕府が踏みにじったもの、と憤慨したからだ。だからこそ、これ以後、尊皇攘夷論が反幕、討幕の旗印となっていったのだ。

こうした熱烈な水戸学派の土壌の中で、慶喜は成長していった。

このため、将軍職に就いたときには、自らを守るのも水戸学の教え、討幕の刃を突きつけてくる薩長も水戸学の理論、という板挟みに苦しむことになる。

その苦悩が端的に噴き出したのが、鳥羽伏見の戦いの最中に大坂城を脱出し、江戸に逃げ帰ったときの姿だろう。薩長勢の掲げる錦旗《きんき》を見た慶喜は、どうしてもこれと戦う気にはならなかったのだ。

歴史を見れば、思想、哲学、宗教など、心の内面に食い込んでくるものが人の世を動かしてきたことがよくわかる。そのかけらも見当たらない〝現代〟という時代がきわめて異常だったのだと、間もなく思い知らされるのではなかろうか。

東湖の名が広く知られるようになったのは、水戸学派の中心人物としてよりも、実は水戸藩主継嗣問題での活躍がきっかけだった。

徳川御三家の紀伊家、尾張家では、本家筋から嗣子《しし》を迎えたりして、幕末のこのときまでに始祖の血統は絶えている。だが、水戸家だけは初代頼房（家康の一一男）以来の血統が続いていた。

ところが、八代藩主の斉脩《なりのぶ》に嫡子がなかったことから、藩内では後継藩主をめぐる対立が表面化した。

保守派と呼ばれた藩の重臣たちは、斉脩が一一代将軍の家斉《いえなり》の娘を妻としていたため、家斉の子を養子に迎え入れようとした。これに対して、改革派と呼ばれた若手の藩士たちは、斉脩の弟である斉昭の擁立を主張し、激しい争いになったのである。血統論やら筋論やらが戦わされたが、保守派には幕府へのおもねりがあり、改革派には水戸学を広めたいという意欲があった。斉昭が、水戸学派に大いに理解を示していたからだ。

この改革派の先頭に立ったのが、東湖だった。

斉脩は文政十二年(一八二九)に亡くなり、結局斉昭がその跡を継いで九代目藩主となるのだが、このとき斉昭は三十歳。東湖はまだ二十四歳。古着屋の小伜《こせがれ》の子は、若くして御三家の一つである水戸藩を牛耳るまでになっていた。

斉昭の東湖に対する信頼は絶大なものがあり、これ以後、郡《こおり》奉行、御用調《しらべ》役、側用人などを歴任し、藩政の中枢に参与していくことになる。

斉昭自身も幕府の中で重きをなすようになり、それとともに水戸学派の存在やその主張も広く知られるようになっていった。

東湖のもとには、西郷隆盛や橋本左内、横井《よこい》小楠《しょうなん》などという人々が訪れ、教えを乞うた。

小楠は、東湖を「弁舌爽やかで議論は緻密だ。色黒の大男で、なかなかの人物である」と評している。

だが、あまりに急上昇をたどった東湖の最期は、悲劇的だった。

安政二年（一八五五）十月、江戸を襲った大地震に遭遇し、東湖は圧死する。享年五十。斉昭の嘆きは大きかった。

河田小龍〈一八二四〜九八〉

龍馬の異才をどう見抜き、夢を託したのか

歴史を動かした人物、というものがどの時代にもいる。一人の人間の力がいかに大きいか、ということが改めて認識されて、大きな感動を与えてくれることが多い。だが、表舞台に登場した人物だけは広く知られていても、それを陰で支えた者や、あるいは大きな影響を与えた者などに目が向けられることは少ないような気がする。河田小龍《しょうりゅう》も、そんな一人だろう。

幕末の動乱期にあって、新しい日本の〝設計図〟を引いた男、坂本龍馬。その龍馬の育ての親、と言ってもいいのが、この小龍という人物である。

龍馬と言えば、まず海援隊が思い浮かぶ。

最新式の蒸気船を動かし、藩という狭い意識を捨てて日本という単位でものを考え、外国人との商売を活発に行うことで世界に目を開いていった集団だ。

この脱藩浪士の若者たちが、龍馬亡き後もいかに新生日本の発展のために活躍したか。そのことを考えると、海援隊の存在の大きさがよくわかるのだが、この海援隊生みの親こそまさに小龍だった。

小龍は、龍馬と同じ土佐藩の下士の出である。

土佐藩には、上士と下士という厳しい身分制度が幕末になっても厳然として存在した。この身分制度が幕藩体制を突き崩すエネルギーになっていくのだが、小龍はそうした道を取らなかった。

彼は下士の身分を嫌い、家督を弟に譲って自由の身となる道を選んだ。正確に言うと、地侍だった祖父の家名を継いだのである。

小龍は、幼少のころから神童、才子と呼ばれるほどずば抜けて頭がよかった。このため、周囲の勧めもあって学問の道を志したが、成長するにつれて絵の世界に強く惹かれ、踏み込んでいく。

画才も並みならぬものがあった、ということだろう。藩の重役、吉田東洋の推薦を得て京都に赴き、狩野永岳《えいがく》の弟子となった。永岳はいわば宮廷画家で、伝統ある狩野派の重鎮である。

その門下には全国から大勢の弟子たちが集まっていたが、小龍はたちまち頭角を現したという。非凡な才能が、ここで明らかになったわけだ。

だが、小龍は間もなく永岳のもとを去り、南画《なんが》を学び始める。さらに今度は儒学の師を求めて入門するなど、京都と大坂を行ったりきたりしての修業時代をすごす。

小龍は文政七年（一八二四）の生まれで、三十歳のときにペリーの黒船がやってくるのだが、まるでその動乱期の到来を予期していたかのように二十代をこうした〝荒修業〟に励んだ。

他人の敷いたレールの上を走るのはたやすいが、志のある者は自分の信じるところに従ってまっしぐらに突き進むことが、時には大事なのだろう。それが後に花を咲かせるのである。

小龍の〝荒修業〟は、京都、大坂にとどまらなかった。

そこからさらに江戸に出てさまざまな文物に触れ、学者の門を叩く。それでも飽き足らず、今度は長崎へと足を延ばした。

当時の長崎は、唯一外国の文化や学問に触れられる場所だった。ここでも小龍は、意欲的に新しい知識を吸収した。

西欧の絵の技法を学び、オランダ語を習い、さまざまな海外情報を集めたらしいが、あまりに奔放なその行動に藩の上層部は眉をひそめ、ついに召還命令が出される。キリシタンの嫌疑がかけられた、という説もあるが、あるいは宗教的なものにも興味を示したのかもしれない。

こうして小龍は、二十八歳ぐらいのときに高知に戻った。京都に赴いて、おそらく十年ぶりぐらいだったものと思われる。

高知に戻った小龍は、藩の許可を得て墨雲洞《ぼくうんとう》塾という私塾を開く。

本来は画塾として始められたものだったが、絵を学ぼうとする者はまず学問を修めなければならん、というのが小龍の論だった。このため、集まってきた多くの若者たちは、小龍の博学な知識にまず耳を傾けることになった。

ところが、これが半端ではない。何しろ、小龍がその旺盛な知識欲にまかせて京都、大坂、江戸、そして長崎と渡り歩いて吸収してきたものが吐き出されるのだ。その講義は、たちまち土佐の若者たちを強く魅了するところとなった。

その上、この塾はいつでも出入り自由で、塾生は上士でも下士でも、さらには町人でもいっさい身分の区別をしない、という方針だった。塾生たちは、新しい知識を得るだけでなく、小龍を囲んでは日夜活発に議論を戦わせた。

この墨雲洞塾から、後の海援隊士や討幕派の志士たちの多くが輩出するが、龍馬が入塾するのはまだ先のことだ。

その前に、小龍自身がさらに新しい知識をたっぷりと吸収する、ある出来事が起きたのである。

嘉永《かえい》五年（一八五二）十一月。一人の若者が十一年ぶりに高知に帰ってきた。万次郎というこの青年は、十五歳のときに乗り組んだ漁船が遭難してアメリカ船に救助され、そのままアメリカで暮らしてきたものだったが、すっかり日本語を忘れていた。このため、取り調べに困った藩では、オランダ語のできる小龍に事情聴取を命じたのだ。

だが、これは土台無理な話で、小龍のオランダ語と万次郎の米語が通じるはずもない。しかし、アメリカに興味を抱いた小龍は、万次郎を引き取り、寝食をともにしながら話を聞き出していくことにした。

旺盛な知識欲と好奇心こそは、どんな仕事をする場合にも基本となる。ともすれば惰性に流されがちな日常の中で、それを保ち続けることが大事なのだろう。

この当時の日本人にとって、アメリカはまったくの未知の国である。ペリーの黒船がやってくるのは翌年のことで、千島近海に出没するアメリカの捕鯨船が時折沿岸にやってくることがあり、幕府でも神経を尖らせていた。

土佐藩でも、そうした情勢は知っていた。が、とにかく面倒なことは避けたいというのが上層部の本音だった。一介の画家である小龍に取り調べを命じた背景には、そうした事情があったのだ。

しかし、小龍はこれを千載一遇のチャンスと受け止めた。

長崎で世界の情勢に通じた小龍は、多少はアメリカという国のことも耳にしていたのだろう。その国で長年暮らしてきた万次郎から話が聞けるというチャンスを、小龍は存分に活用しようとした。

自宅に万次郎を引き取った小龍は、根気強く日本語を思い出させ、読み書きを教えながら話を聞き出していった。

アメリカでの人々の暮らしぶりや政治の仕組み、文化、経済、軍事などのあらゆる知識を吸収し、詳細にメモしていった。そして、これをもとに「漂巽紀畧《ひょうそんきりゃく》」という全五巻の大著をものにしたのである。

小龍は、これを時の藩主である山内容堂《やまのうちようどう》公に献上した。折しも、嘉永六年（一八五三）六月、ペリー提督の黒船がやってきて、幕府は大騒ぎとなっているところだった。このため、容堂は得意になってこの「漂巽紀畧」を江戸に持参し、幕閣や諸大名に披露した。

小龍にとって悲劇だったのは、この本を読んだ人々の関心が著者自身よりも万次郎に向けられたことだった。ペリーと交渉しようにも、米語を理解する者など一人もいない。ここは一つ万次郎を呼び出し、通訳に当たらせてはどうか、ということになったのだ。

万次郎は、一躍旗本として取り立てられることになった。大きく運が開けてきた万次郎は、もう一つの飛躍を期す。アメリカ見聞記の自著を出そうというものだった。

翌安政元年秋、万次郎は高知に戻ったが、そのとき小龍は藩命で薩摩に出張中で不在だった。万次郎は、小龍に無断で「漂巽紀畧」の草稿を持ち出して江戸に戻った。そして、これに加筆、修正して「万次郎漂流物語」として出版したのである。折からのアメリカブームに乗って、この本はベストセラーとなった。

小龍が激しく憤ったのは言うまでもない。

おそらく、このとき小龍は自らが世に出ることを断念したのだろう。そして、現代ふうに言えばコーチ役に徹しようと決意した。凡人なら不運を嘆き、他人の出世を妬むところだが、小龍は自分の代わりに世に出る人材の育成を目指すことにしたのである。

失意の中にあっても、小龍は墨雲洞塾を続けることで人材育成を目指した。そして、そこへ龍馬が入門してくる。

安政元年の夏、龍馬は一年間の江戸留学を終えて高知に帰ってきた。ちょうど入れ代わりのように小龍は薩摩へ向かい、龍馬の入門は、この年の十一月小龍が高知に戻った直後のことになる。

先に述べたように、このとき小龍は万次郎への憤懣《ふんまん》と失意の最中にあった。

一介の漁師でも天下の旗本になれた。小龍ほどの知識と頭脳があれば、あるいは外国奉行にもなれたかもしれない。そう思っても不思議ではないほど、世の中は混迷を深めていた。しかし、もはや小龍にはそうした〝運〟が巡ってこないことがわかっていた。

龍馬は、幼いころに通っていた塾をいじめにあってやめて以来、正規に学問を修めたことがない。少年期に剣道だけは熱心に習い、そのため藩から江戸留学を許可されたが、江戸でも北辰一刀流の千葉道場に通っただけで学問とは縁のない日々を送り、高知に戻ってきたところだった。

だが、ちょうど江戸に着いた直後にペリーの黒船がやってきた。十九歳の若者にとって、これはかなり衝撃的な事件だったことだろう。翌年、高知に戻ってから墨雲洞塾の門を叩いたのも、決してそのことと無縁ではなかったはずだ。小龍がアメリカ通と知って、未知の国のことを教わりたいと思ったのに違いない。

伝えられるところによると、このとき龍馬は小龍に「わが進むべき指針を与えたまえ」と迫ったという。

そこまで積極果敢な姿勢を見せたものかどうか。真偽のほどはわからないが、黒船を見てきたことでアメリカという国に強い関心を持っていたのは間違いない。

小龍は、知っている限りのことを龍馬に教えた。龍馬の若い頭脳には、その知識が砂にしみ込む水のように吸収された。それまで学問とはほとんど無縁だったことが、ここではかえって幸いしたと言っていい。

まだ、尊皇攘夷だ、開港佐幕だという争いの激しくなる前のことである。倒幕論などは影も形もない。そうしたときに、アメリカの大統領制や民主主義、あるいは蒸気の力で動く大型船の構造などについて聞かされた龍馬の驚きは察して余りある。

さらに小龍は、海事立国論とでもいうべき自説を展開した。

日本は鎖国を解いて、諸外国と交わっていかなければならない。そのためには海軍力を強め、貿易を盛んにしなければならず、航海技術者の養成、大型船の購入が必要な時代を迎えようとしている。

この小龍の考えこそが、後に龍馬が海援隊を組織する土台となった。ともに同じ夢を共有できる相手とめぐり会えるというのは、何よりも幸せなことだ。後継者を育てるさいも、まずそのことが必要なのだろう。

龍馬が二十歳で入門したとき、小龍は三十一歳だった。師弟ではあるが、師と呼ぶにはあまりにも若い。事実、二人は兄弟のような親密な交わりを続けていたらしい。

小龍の海事立国論に共鳴した龍馬の胸中には、すでに海援隊の構想が芽生えていたのかもしれない。

「あなたには人材を育成してもらいたい。私は船を手に入れましょう」

そう小龍に告げたと伝えられている。

龍馬が海援隊の前身である亀山社中を設立したのは、これから十一年後。慶応元年（一八六五）閏《うるう》五月のことになる。

すでに激しい倒幕の嵐が吹き荒れており、龍馬は薩摩と長州の提携を模索し始めていた。亀山社中の設立も、小龍の説いた世界の中の海事立国論に基づくものとはだいぶかけ離れていたが、その精神を根幹に据えていたことは間違いない。

龍馬との関わりの大きさでは、常に勝海舟が登場する。

確かに、海舟の設立した神戸の海軍操練所《そうれんじょ》が脱藩浪士の結集の場となり、それがやがて龍馬の配下に入って亀山社中の中核となったことは事実だ。しかし、龍馬が海舟と出会うより八年も前に小龍の教えを受け、その主張に耳を傾けたことも確かな事実なのだ。

龍馬が海舟と出会ったのは文久二年（一八六二）の秋とされる。このとき龍馬は、開国論者の海舟を斬ろうと訪れた、ということになっている。

しかし、これは海舟が後に明治になってから幕末のあれこれを回顧して著した「氷川清話」の中でそう述べているだけで、根拠のある話ではない。

要するに、海舟のほうが勝手にそう早呑《はやの》み込みしたということなのだろう。龍馬は決して攘夷論者などではなかった。

龍馬にしてみれば、咸臨丸《かんりんまる》でアメリカに行ってきた海舟から、現地の話を聞きたかったのではないか。小龍の薫陶を受けた龍馬の姿としては、そう考えたほうが頷けるのである。

龍馬との約束通り、小龍はその後多くの若者たちを墨雲洞塾で育てた。ここから海援隊に送り込まれた者たちも数多い。

そして、龍馬のほうも約束を守って次々と大型船を手に入れ、幕末動乱の嵐の中を乗り切っていく。維新革命に果たした龍馬の役割は大きかったが、もし凶刃に倒れることなく明治を迎えていたなら、まさに小龍の夢見た通り世界を相手に活躍していたことだろう。

龍馬暗殺を知った小龍の悲嘆は大きかった。龍馬の忠誠心が天皇の耳に届かず、奸賊《かんぞく》呼ばわりするとは何ごとか、という悲憤慷慨《ひふんこうがい》の詩を作っている。

自分の栄達を諦めたり、逆境に遭遇したときに、終始毅然とした態度を保ち続けるのはむずかしい。小龍は、常に「世界」を見据えていたからこそそれができたのかもしれない。

坂本龍馬〈一八三五〜六七〉

証拠が示す暗殺の真相と供述調書の矛盾

坂本龍馬暗殺事件は、信長暗殺などと並んで日本史上でも最も謎に満ちたものと言っていい。

しかし、歴史的にはわりと現代に近い時期に起きた事件だけに、史料の類も多く、それがかえって解明作業を混乱させている面も否めない。史料類がすべて真実を伝えている、とは限らないからだ。

この事件を眺めるとき、基本的なことが一つある。

それは、暗殺を指令した者と、その命を受けて実行した者とが存在した、という前提で考えなければならないということだ。

そのことを明確に裏付ける史料などはないのだが、当時のすべての関係者がそのように見ていたのは間違いなく、その観察は正しかったと思われる。

また、遠景、中景、近景という三つの眼で事件全体を眺めることも肝要だろう。「時代背景」「京都市中の当時の状況」「殺害現場のもよう」という三点である。あまりにも大きな謎ではあるが、こうした角度から焦点を絞っていくと、おぼろげながら見えてくるものがある。

慶応三年(一八六七)十一月十五日夜。

坂本龍馬は、下宿先の京都河原町蛸薬師下ルの醬油商、近江屋の二階で、来訪中の中岡慎太郎とともに刺客に襲われて落命した。奇しくも、この日が龍馬の誕生日だったことはよく知られている。満三十二歳という若さで、この風雲児は黄泉の国へと旅立ったわけだ。

この事件の近景(殺害現場のもよう)を、まず眺めてみよう。

近江屋は土佐藩の御用商人で、心情的にも革命派の志士たちを支援しており、この月の初めに越前から戻った龍馬のために、裏手にある土蔵の二階に隠し部屋をこしらえて待っていた。

この当時、龍馬が幕府方に付け狙われていたのは確かだ。近江屋が隠し部屋を用意したのも、その用心のためで、襲撃の第一報を聞いたほとんどの者が「新撰組の仕業だ」と確信したほどだった。

越前から戻った龍馬は、十日ほどこの隠し部屋で寝泊まりしていたが、日ごろの無理がたたったのか風邪をひいてしまった。土蔵の二階に寝ていては食事や用便にも不自由なので、母屋の二階の奥座敷に移った。

それが襲われる前日のことで、この龍馬の居場所の変更を知っていた者はごく限られてくるのである。

そのことが龍馬自身の油断にもつながっていたと思われるのは、刺客が飛び込んできて下僕の藤吉を斬ったさい、その物音を聞きとがめて「ほたえな!」と怒鳴ったという点だ。土佐弁で、騒ぐな、という言葉だが、夜更けにどた、ばたという物音を聞いても、まったく警戒心や不審の念を抱かなかった証拠と言っていい。

この日の夕方、中岡が訪ねてきて対談しているところへ、土佐藩小監察の岡本健三郎もやってきた。岡本は同志の一人で、龍馬とともに越前へも同行した仲だ。この三人のほかに、中岡の使い走りで手紙を届けてきた峰吉という少年もいた。

夜の八時ごろ。龍馬は「腹が減ったな。峰吉、軍鶏を買ってこい」と言いつけた。それを機に岡本も座を立ち、峰吉とともに退出した。その少し後に、刺客がやってきたことになる。

近江屋の二階には、道路に面した表から縦に四つの部屋が並んでいた。龍馬と中岡がいたのは一番奥で、表の部屋には下僕の藤吉がいて内職の楊枝削りをしていた。

ここから先の惨劇については、証言や供述を元にした史料に多少の違いがある。が、おおむね認知されているところでは、階下の店先に数人の来客があって、藤吉が下りていくと、十津川郷士の何某と名乗り「先生にお目にかかりたい」と告げた、ということだったらしい。

そこで藤吉が二階へ戻って龍馬にその旨を告げ、案内するために引き返したところを、ふいに刺客に斬りつけられた。刺客は、藤吉の案内を待たずに階段を上ってきていたわけで、龍馬が「ほたえな！」と叫んだのは、このときの物音を聞いてのことだった。

こうした状況を勘案すると、龍馬だけでなく中岡にもまったくの油断があったことが明らかだ。未知の来客数人があったにもかかわらず、もしやその者たちが幕吏ではないか、などという疑念を、二人とも微塵も抱いていなかったことになる。藤吉を斬り倒した刺客たちは、真っ直ぐに奥の部屋に殺到し、龍馬と中岡に斬りかかった。

刺客は三人だったらしいが、かなり腕の立つ者たちだったことは確かだ。天井の低い造りの部屋と知って、とっさに龍馬の前額部を横に薙《な》いだことがそれを物語っている。振りかぶって斬りかかれば天井が邪魔になると、瞬時にそう判断できたのはよほど実戦の経験を積んだ者だったからだろう。

ほとんど抵抗らしい抵抗もできないまま、二人はめった斬りにされ、瀕死の重傷を負った。龍馬はこれから数時間後に絶命し、中岡のほうは翌々日まで生き長らえた後に死んだ。このため、異変を知って駆けつけた人々が中岡から多くの証言を得ている。

刺客の一人が、斬りつけるさいに「こなくそっ」と叫んだというのも、この中岡の証言である。

これは四国の伊予《いよ》地方の方言だということで、海援隊や土佐藩の者たちは襲撃犯人探しの有力な手掛かりだと息巻いた。

有力な手掛かりは、まだあった。

刺客たちは、近江屋の二階に刀の鞘《さや》を一本残し、さらに階下の土間には下駄を残していった。この下駄は、先斗町《ぽんとちょう》の瓢亭《ひょうてい》という茶屋の焼き印が押してあるものだったが、この店は新撰組の者たちが出入りすることで知られていた。

近景の概略はこのようなもので、刺客が移ったばかりの龍馬の居場所を正確に知っていたことや、現場に鞘と下駄、それに「こなくそっ」という特徴ある方言を残していったことなどがポイントとなる。

次は中景（京都市中の当時の状況）に移ろう。

何よりもまず重視したいのは「この鞘は、新撰組の原田左之助のものだ」と証言した者が出てきたことだ。

証言者は伊東甲子太郎《いとうかしたろう》といい、元新撰組の幹部である。

この伊東は、近藤勇らと反りが合わず、二十余人の隊士を引き連れて新撰組を抜け出した人物だ。新撰組の隊規では脱隊者は処刑と決まっていたが、伊東らは孝明天皇の御陵を守る衛士《えじ》になるということで、近藤と穏便に袂を別っていた。

だが、高台寺に寄宿して高台寺党と名乗った彼らは、新撰組に仲間をスパイとして残したり、薩摩や長州にも密かに接近したりと、いささか不穏な動きを見せていた。伊東自身も「新撰組が襲う準備をしているから注意されたい」と、龍馬と中岡に忠告しに訪れている。それが近江屋襲撃の三日前のことだった。

この、あまりにも絶妙のタイミングでもたらされた忠告が、はたして真に貴重な極秘情報だったのか。それとも、何らかの意図があってのものだったのか。いずれにせよ、龍馬と中岡はその忠告に耳を傾けなかったために落命してしまったわけだが、伊東の腹中にあったものも実は永遠の謎となってしまったのだ。

龍馬暗殺から三日後。新撰組は計略を用いて高台寺党を誘い出してこれを襲い、伊東をはじめ多くの者を斬殺した。この襲撃事件もまた、何のためのものだったのかが謎のままとなっているが、かろうじて新撰組の刃の下をぐり抜けた高台寺党の者たちが薩摩屋敷に庇護を求めて駆け込んだ、という一事は何を物語るのだろうか。それはともかくとして、伊東が鞘の持ち主だと証言した原田左之助という隊士が、実は伊予の出身だった。これで、忠告、鞘、下駄、方言と、すべてが新撰組の仕業だという方向を示したわけだ。

これだけ見事に一致点がそろうと、あまりにも出来すぎているとして疑惑を抱くのがふつうだろう。事実、海援隊の内部でもそう取り沙汰されたらしい。

が、それならば、新撰組の仕業と見せかけたのは何者で、なぜそのようなことをしたのか。また、その謀略と高台寺党とはどう結びつくのか。そうしたことは皆目わからず、議論は百出した。

詳細は省くが、いろは丸事件の報復を企んだ紀伊藩の仕業だとか、同じ幕府方でも見廻《みまわり》組の仕業だとか、薩摩の謀略ではないかとか、いや長州だろうとか、さらには土佐藩の誰彼ではないかなどと、疑惑の対象は広がるばかりだった。そして、百三十年以上たった現在でも、そこからほとんど一歩も前進していないのである。

もちろん、当時は圧倒的に幕府方の仕業だと見る向きが多かった。新撰組でないとすれば、見廻組がやったのだろうというのだ。

浪人集団を組織化した新撰組に対して、見廻組（正確には京都見廻役）のほうはれっきとした幕臣の組織で、ともに京都市中の治安維持のために設けられたものだったが、お互いの間には冷たい対立感情があった。

新撰組のほうが先に創設されただけに、体を張って尊攘派と戦ってきたのは自分たちだ、という自負と誇りがあった。それに対して見廻組のほうには、人斬りなどは奴らに任せておけばよい、というように見下すふうがあった。

事実、見廻組が手を下した殺人事件はほとんどない。池田屋騒動をはじめ、血なまぐさい事件はすべて新撰組の手によって行われていた。

しかし、その一方で、見廻組には龍馬を狙うれっきとした理由もあった。

前年一月末。龍馬は、伏見の寺田屋という船宿に泊まっているところを幕吏に襲われた。公然と討幕を唱え始めた長州に与する者だとして、伏見奉行所の捕吏《ほり》が押し寄せたのだが、龍馬はピストルを発射して囲みを破り、逃走した。このとき、数人の幕吏を殺傷したのである。

言わば、龍馬はお尋ね者だったわけで、もし龍馬襲撃が見廻組によって行われたのなら、幕吏殺傷の犯人として逮捕することが大義名分とされていたはずだ。

片や新撰組の仕業だったとすれば、そのようなことにはほとんど眼もくれずに、討幕派の指導者の一人として抹殺しようということだったに違いない。つまり、刑法犯と政治犯、という二つの〝顔〟が龍馬にはあったわけだ。

もちろん、見廻組にも討幕派の指導者を付け狙うべき役割はあったが、誇り高い幕臣集団の彼らは、壬生狼《みぶろう》と恐れられ、蔑《さげす》まれていた新撰組とは違って、大義名分を重んじる気風が強かった。少なくとも、新撰組の仕業だと見せかけるような卑劣な工作はやったはずがない。

ところが、状況は一転して、龍馬暗殺劇は見廻組によって行われたものだった、ということになったのである。

戊辰《ぼしん》戦争が終わって、新政府はさまざまな後始末の一環として龍馬暗殺事件の犯人追及にも乗り出した。

新撰組の者たちは、近藤勇をはじめ全員がこれを否認したが、見廻組の中から犯行を自供する者が現れた。今井信郎《いまいのぶお》という人物で、六人の同僚とともに近江屋に押し入ったというものだった。

この自供内容は、新政府の公文書として残され、有力な史料となっている。しかし、その内容にはいくつかの問題点があって、それがまた事件の真相解明を混乱させているのである。

徳川幕府を倒して誕生した明治新政府は、かつての革命派の仲間だった坂本龍馬の暗殺犯として、幕府の見廻組に所属していた今井信郎を絞り出した。

今井は箱館戦争で捕虜となり、兵部省の取り調べに対して龍馬暗殺に関与したことを自供し、さらに刑部省に身柄を移されて再度調べを受けたものだ。

この兵部省（明治二年）刑部省（同三年）の二通の調書が、龍馬暗殺事件に関する有力な史料となっているのだが、その内容は「見廻組の七人で近江屋を襲った。伏見の寺田屋で幕吏を殺傷した龍馬を逮捕するためで、自分は階下で見張りをしていた。指令が幕閣から出たものか、京都守護職から出たものかはわからない」という、きわめて曖昧なものでしかない。

しかも、今井が名を明かした者たちは、六人全員が戊辰戦争で死んでおり、裏付けの取りようもない状態だった。

だが、とにかく新政府はこれで龍馬暗殺事件に決着をつけた。

この後、大正年間までさまざまな関係文書の類が世に現れたが、幕末当時の複雑な社会情勢をくぐり抜けてきた者たちの著述だけに客観性に乏しく、真相解明をかえって混乱させているのである。

今井の供述書はごく簡単なもので、現場に残された鞘や下駄などについてはまったく触れていない。それだけでなく、逮捕に行ったはずの者がなぜいきなり斬殺したのか、といった根本的な点が欠落しており、いかに杜撰《ずさん》な取り調べだったかがわかろうというものだ。

近景でご紹介したように、鞘と下駄という〝物証〟は、真相解明の上できわめて重要な手掛かりである。なぜなら、それは計画的に新撰組の仕業と見せかけようとしたもの、としか考えられないからだ。手練の刺客が、うかつにも鞘を忘れ、抜き身の血刀を下げて裸足で逃走したとは思えない。

しかし、見廻組には、どう考えてもそうした小細工をしなければならなかった理由は見当たらない。そこから、あるいは幕府方ではなく、龍馬は味方にやられたのではないか、という推測が出てくるのである。

龍馬の味方、というのは、薩摩、長州を中軸とする討幕派であり、あるいは土佐藩内の誰彼ということになる。

だが、そうした可能性がはたしてあったのかどうか。それを探るために、遠景（当時の時代背景）を眺めることが必要になってくるのだ。

動乱の幕末期、一貫して反幕派の先頭に立っていたのは長州であり、開国、攘夷問題などで摩擦、衝突を繰り返しながら、その藩論は反幕から倒幕へ、そして武力討幕へと急速に傾斜していった。

これに対して、薩摩をはじめとする雄藩は、当初は批判的だった。

開国問題に関する幕府の態度には大いに不満があったが、だからと言って倒幕論はあまりにも過激であり非現実的だ。そう考える者たちが圧倒的に多く、そこから公武合体論が出てきた。朝廷と幕府、雄藩が力を合わせてこの難局を乗り切るべきだ、というものだ。

佐幕派の会津などとともに、薩摩もこの公武合体論の中軸を担っていた。禁門の変で苦杯をなめた長州では、薩賊会奸と下駄の裏に墨書し、踏みつけて歩いたほどに薩摩と会津を憎んでいたという。

その長州と薩摩を結託させたのが龍馬だった。

幕府には、もう見切りをつけなければならない。そのためには薩長二藩が反目、対立していては駄目だ。そう考えた龍馬は、慶応二年（一八六六）一月、この西国の二大雄藩の手を握らせることに成功した。

だが、長州と手を握ったものの、薩摩のほうには武力討幕という過激論にはなお迷いがあった。公武合体論からさらに幕府の力を削いだ雄藩連合政権構想などを模索し、雄藩のリーダーを集めた四侯会議を開いたりした。が、論議はまとまらず、慶応三年五月には成果を上げ得ないままに四侯会議は終わってしまう。

こうして、非武力革命の道は閉ざされたかに見えた。これ以後は、ついに西郷も武力討幕を決意し、幕末動乱劇は最終章を迎えるのである。

西郷は薩摩藩士の中でも身分の低い生まれだったが、最も武士らしい人物の一人だった。典型的な武人、という生きかたを自らも意識していたように思われるが、それを生涯貫き通すというのは並大抵のことではない。

武士は言い訳などしない。一切を行動で表す。いったん決意したら、巌のごとき意思力でそれを貫く。決して途中で妥協などはせず、己の信じた道をあくまでも突き進む。

西郷がそのように生きたことは、誰の眼にも明らかだ。あれほど執念を燃やした非武力革命に、いつ、なぜ見切りをつけたのかは明らかでないが、いずれ無言のまま、これを断念すると、武力討幕しか道はないと腹を決めた。そして、それ以後は不退転の決意をもって武力討幕へとまっしぐらに邁進していった。

その前と後では、同じ人物とは思えないような言動がいくつも見られる。

例えば、益満《ますみつ》休之助らに命じて不逞の輩を集め、略奪、暴行、放火をさせた江戸騒乱。使い捨ての切り捨て御免という赤報隊の扱い。小御所会議での王政復古のクーデターで、反対派の刺殺をも辞さずとした恫喝。官軍となるための密勅、錦旗の偽造、等々。

そのすべてが西郷の一存ではなかったにしても、西郷の許諾なしに行われたものは一つもない。

言うなれば、武士にあるまじき卑怯な手段をも敢然として実行しつづけ、ついに徳川幕府を滅亡へと追いやったのだ。

わずかに、最後の江戸開城にさいして、勝海舟の言を入れ、無血進駐をしたことで後世までその評価を得ることになったが、そこまでの横暴、非道な振る舞いは、それ以前の清廉実直な武士の鑑とも言うべき西郷からは考えられないようなものばかりだ。が、それこそが巌のごとき意思力で次々と断行されたものだったのである。

だが、歴史を作ってきた人々の動きというものは、時としてまことに絶妙の流れを見せることがある。

おそらくは西郷の非武力革命断念のきっかけとなったと思われる四侯会議の失敗を見たころから、龍馬のほうにも大きな変化の兆しが現れはじめていた。

周知のように、龍馬はこの直後に船中八策、大政奉還という新機軸を打ち出し、各方面の説得に乗り出す。そして、徳川慶喜によって大政奉還が実現し、まさに時を同じくして薩摩と長州は討幕の密勅を手にするという、決定的な交錯を見るに到るのである。

大政奉還策が龍馬のオリジナルな発想ではなかったにしても、幕末の一大転機となったこの〝奇策〟が、龍馬の言動によって実現へと動きはじめたことは間違いない。

徳川将軍自らが政権を返上する、というこのシナリオは、もはや「倒幕」とは明らかに別の革命路線であり、これは言わば「廃幕」と呼んだほうが妥当なものだった。

やや余談だが、薩長同盟の締結に成功したころの龍馬が倒幕思想を抱いていたことは確かだろうが、そこからさらに踏み込んで「討幕」を是としていたものかどうかは謎である。

龍馬が、長州に武器、軍艦を薩摩名義で大量に斡旋していたにしても、それをもって武力討幕の推進を促した、と見ることはいささか早計だろう。龍馬には逞《たくま》しい商魂があり、亀山社中（海援隊）を発展させようとする強い意図があった。そのことと革命路線との相関関係についての研究は、まだ不十分なような気もするのだ。

それはともかく。龍馬の倒幕から廃幕へという革命路線の転換が、武力討幕を目指す勢力にとって著しい妨害と映ったのは間違いない。大政奉還がなされれば、少なくとも幕府を討つという大義名分が形式上は消滅することになるからで、だからこそ一日前の日付で討幕の密勅の偽造、という苦し紛れの〝奇策〟を用いることになったのだろう。

薩長同盟の締結を実現した後の龍馬は、押しも押されもせぬ革命派の指導者の一人となっていた。

その言動には敵味方ともに注目するようになり、一介の土佐浪人にもかかわらず、大政奉還後の将軍慶喜は、二条城の留守役であり幕府の大目付である永井尚志《なおむね》に「龍馬という男は、なかなかの人物と聞く。気をつけて扱うよう」指示したと言われている。

もちろん、これは伝聞として残っているにすぎない。が、少なくとも後世の者の推測から広まったものではなく、当時の人々の間で囁かれていたものとみて不自然ではない。

そして、もしそれが事実だったとするなら、新撰組や見廻組にもその指示は当然下達されていたに違いないのだ。

武力討幕を断固決意した西郷と、図らずもその眼前に立ちふさがった龍馬の廃幕路線。その対立の構図は、誰もがまさかと思っていた大政奉還を慶喜が断行し、その一方で薩摩、長州の出兵準備が着々と進むにつれていっそう鮮明に浮かび上がっていった。

龍馬のほうは、朝廷がリードする諸藩会議を開いて新政府構想をまとめるよう動きはじめていた。

政権を返上した徳川家も、改めて有力大名の一員として新政府に参画する方向が示されており、この龍馬プランに賛同する勢力は決して侮れないものになりつつあった。

片や武力討幕、片や龍馬プランと比べれば、徳川方がどちらを重視するかは一目瞭然だろう。

事実、海援隊のある隊士が江戸の某重臣に宛てた密書が十年ほど前に新たに発見され、親密な情報交換をしていたことが明らかになったこともある。これは決して裏切りや寝返りということではなく、新政府構想を推し進めていく上で必要な措置だったのだろう。

一方の薩長勢のほうは、すでに十月末には討幕の密勅に従って出兵を決定しており、京都へ向けて続々と兵力を送り出していた。こうした緊迫した情勢下での、龍馬暗殺劇だったのである。

もし、これが見廻組によって行われたものだったとすると、幕権の衰えとともに将軍慶喜の威令もすでに失われていた、ということになるのかもしれない。が、それにしても現場の小細工や、高台寺党粛清の謎は残る。

龍馬暗殺の謎解明のむずかしさは、残された物証、状況証拠、史料のすべてを満足させる答えが見つからない、という点にある。どの説も、物証、状況証拠、史料類のどれかをネグレクトしたり、あるいは無関係とみたり、間違いだと決めつけたりして構築しているのだ。

中でも鍵を握るのは、現場の小細工（近景）、高台寺党の粛清（中景）、そして武力討幕派の出兵と龍馬プランに基づく廃幕路線の対決（遠景）という三点だと思われる。見廻組説は、唯一残されている公文書史料を最大の拠り所にしている強みがあるが、その反面、右の三点についてはすべて無関係だと片づけている。そう考えないと成り立たないのだが、それなら逆に、史料となった今井信郎の供述を嘘と決めつけたなら、どのような説が現れるだろうか。

当時、新撰組から離れた高台寺党は、しきりと討幕派に接近していた。だが、ただでさえスパイ潜入合戦の激しい折りだった。討幕派が直ちにこれを受け入れるはずもなかったのは当然だが、証を求めるとして龍馬暗殺を命じ、これが彼らによって実行されたとすると右の三点はすべてクリアできる。

小細工が必要だったことは言うまでもなく、名を騙《かた》られた新撰組が怒ったのも当然だ。そして、その粛清を逃れた者たちが薩摩屋敷に逃げ込んだのも頷けるのである。

龍馬の額を横一線になぎ払ったのは刺客の腕の確かさだが、そこに抹殺を命じた指令者の断固とした意思の強さをも感じるのは私だけだろうか。

三野村利左衛門〈一八二一～七七〉

無学、無産の男が天下の三井を立て直せた不思議

乱世には英雄が生まれる。それは歴史の教えるところだが、英雄必ずしも武人とは限らない。高僧、茶人などを生み出した乱世もある。幕末、明治維新という乱世は、不世出の実業家を生み出した。それがこの項の主人公、三野村《みのむら》利左衛門である。

この人物も、それほど名前が知られているようには思えない。ただし、三井系の企業に関わりのある人たちは別だろう。何しろ三井銀行の初代頭取である。

とは言っても、江戸初期から連綿として続いた財閥三井組の出ではない。氏素性はまるでわからない人物である。はっきりしているのは、文政四年（一八二一）の生まれで名を利八《りはち》といった、ということぐらいなものだ。したがって、以後はこの名で呼ぶことにする。

信濃（長野県）の農家に生まれた、という説もある。父親は庄内藩の浪人で、利

八自身は江戸で生まれたのだ、という説もある。ひどい貧乏暮らしの中で育ったことは確からしいが、その少年時代についても、大坂から九州あたりを転々とした、という説や、伊丹の酒造屋に奉公していたという説もある。とにかく、わからないことだらけである。

どこを遍歴したかは定かでないが、十七、八歳のころに江戸に戻ってきたらしい。そのころ、すでに両親は亡くなり、身寄りもなかったようだ。深川の干物問屋で働いていたとか、油問屋に奉公していたとか、これもはっきりしないのだが、二十歳前ぐらいのときに縁あってある旗本屋敷に住み込み仲間《ちゆうげん》として雇われた。ここからの彼の人生は、はっきりしている。

その旗本屋敷というのは、小栗上野介忠順《おぐりこうづけのすけただまさ》の生家である。小栗の父親の忠高が、仲間奉公してくれる若者がほしいと知人に頼んだ。その知人が、よく働く奉公人を知っていると言って、連れてきたのが利八だったわけだ。

利八は小栗忠順より六つ年長だったから、そのころ小栗のほうは十三、四歳というところだっただろう。まことに不思議な出会いというほかなく、この後幕末の乱世にあって二人は密接な関わりを持つようになっていくのである。

利八は、ひどい貧乏暮らしの中で幼いころから働きづめに働いてきたのだろう。寺子屋などに通う余裕もなかったらしく、無学で字も読めなかった。が、頭は並外れてよかったらしい。とくに、経理、計算の才は抜群だった。そして、陰日向なくよく働く若者だった。

忠高は、その逸材ぶりを惜しんだ。仲間奉公で終わらせるのはかわいそうだとして、やがて三河町の紀ノ国屋という商家に婿養子にやった。

紀ノ国屋は砂糖や油などの小商人で、利八は金米糖の行商などをやらされていたが、その儲けをもとに小銭両替商の株を買った。これが三十歳をすぎたころのことで、ここから利八はぐんぐん頭角を現し、天下の三井組に食い込んでいくのである。

当時の三井組は江戸随一の豪商だった。江戸の初期、三井高利《たかとし》が開いた呉服商の越後屋は、大坂の鴻池《こうのいけ》と肩を並べる日本有数の巨大財閥に成長していた。

江戸だけでなく、京都、大坂にも店を出しており、呉服商、両替商、不動産業など、一族の者たちが分担してそれぞれ手広く商売を営んでいた。日本橋駿河町の界隈には、それらの店が軒を並べており、総称して三井組と呼ばれた。

利八は、小銭両替商人となったことから、三井組の両替店に足しげく通うようになった。

両替商というのは、その時々の相場に応じて小判、銀貨、銭貨を両替する業務を言うが、それだけではない。簡単に言えば金貸し業を主なりわいとするものだった。さらに、預金を引き受けたり、手形を割り引いたり、為替も扱った。利八のような小銭両替商は、言わば個人営業の小さな銀行のようなもので、どうしても三井組のような大きな組織に依存しなければやっていけなかったのである。

駿河町の界隈は活気にあふれていた。何しろ、江戸の金融業務の中心地である。巨額の金が常に目まぐるしく動いていた。江戸市中だけでなく、京、大坂方面の情報もふんだんに入ってくる。世情を洞察する能力に優れ、経理、計算に強い利八にとって、これほど力を発揮できる場はなかった。

利八は、みるみる頭角を現していった。しだいに財も増え、人々から重きを置かれるようになったが、それでも三井組の者からみれば、しょせんは巨大財閥の周囲に群がっている小商人の一人でしかない。ところが、そんな利八が、この巨大財閥のピンチを救うことになったのだ。

当時の豪商は、幕府ときわめて密着した関係にあった。財政が苦しくなると、幕府は豪商たちに御用金を課す。これは強制的な借り上げだったが、幕末期には、幕府側に返す当てはほとんどなかった。そのかわりに、幕府は彼らにさまざまな利権を与えていた。

三井組は、そうした幕府の金蔵《かねぐら》のような役割の筆頭にあった。慶応二年（一八六六）秋の時点で、数年前からの御用金の総額は二百六十万両を超していた。三井組だけでこれだけの巨額に達していたということは、いかに幕府の財政状態が悪化していたかがわかろうというものだが、ここで幕府はさらに百万両の御用金を三井組に申しつけてきたのだ。

申しつけてきたのは勘定奉行の小栗忠順だったが、さすがの三井組も頭を抱えてしまった。いかに天下の三井組でも、百万両という大金はおいそれとは用意できない。しかし、だからといって減額の嘆願もできないわけが、実はあった。

困りはてた中で、利八がかつて小栗の屋敷に奉公していたことを思い出した番頭がいた。利八に取りなしてもらってはどうか、というその番頭の進言は採用された。三井組は、極秘扱いに近い窮状を一介の小商人でしかない部外者に打ち明ける、という冒険に踏み切ったわけだ。

三井組には、伝統的にこのような大胆さや、独創的な発想を尊重する気風があった。格式や体面にこだわるよりも、目的達成のためにより有効な手段のほうを選んだのだ。

三井組の番頭から「御用金の減額を小栗に取りなしてもらえないだろうか」と持ちかけられた利八の頭脳は、鋭く回転しはじめた。

小栗の性分はよく知っている。思いやりがあって情が濃《こま》やかで、人を踏みにじるような真似は絶対にできないタイプだ。その反面、激しいところもあった。正義感が強く、潔癖で、とにかく曲がったことが大嫌いなのだ。その小栗が、百万両という無茶な御用金を課してきたのには、きっと何かわけがある。

これには懲罰の意味が込められているのではないか。利八は、そう気がついた。思い当たるふしがあったのである。

三井組は、御用金を調達する見返りとして幕府からさまざまな利権を得ていたが、その中に外国奉行所為替御用という役目があった。これは、外国貿易の関税を扱うもので、現代ふうに言えば財務省の関税部門を請け負っていたようなものだ。かなりの額の関税収入の管理を任されていたわけだが、三井組はその金を密かに市中貸付けに回していた。幕府の公金を浮き貸ししていたわけである。小栗に御用金減額の件を直接嘆願できないのも、その後ろめたさがあったからだ。

もちろん、これは三井組では部外秘となっていた。が、両替商をやっている利八はすでに勘づいていた。そして、今度の御用金は、そのことを知った小栗が三井組を懲らしめようと課してきたのではないか、と察した。

だが、これはあくまでも利八の想像でしかない。三井組にも小栗の側にも、確かめることなどはできるはずもないのだ。しかし、熟慮の末に利八はこの推理に自信を持った。そして、ある策を胸に小栗のもとを訪れた。

小栗と会った利八は、御用金減額のことなどおくびにも出さず、中小商人を対象とした資金貸付け制度の創設を持ちかけた。

この当時は激しいインフレが進行していて、中小商人の多くが資金繰りに苦しんでいた。彼らの中には、外国商人から金を借りる者が増えていた。輸出品生産地への外国資本の食い込みが問題となっていたが、金融面でも同様の〃経済侵略〃が進んでいたのである。

小栗もそのような実態を承知しており、日本の経済や金融が危機に瀕していることを深く憂えていた。だが、中小商人への資金貸付けに回すような財源は、幕府のどこを探しても見つかるはずもない。三井組が公金を貸し付けていた相手も、実はこうした中小商人たちだったのだ。

利八の提案は、十万両の貸付け財源を三井組に引き受けさせよう、というものだった。三井に対しては、責任をもって説得する。そのかわり、将来的には、管理を委託している関税収入を財源に充てることを許可してほしい。利八はそう持ちかけた。

何のことはない。すでに〃非合法〃にやっていることを、この先は公的に認めさせようというのだ。

だが、小栗は結局この提案を呑んだ。公的貸付け制度の創設は急務で、しかも幕府が財源を手当てしなくてすむのなら願ってもない話だったからだ。利八は、それから御用金の減額の件を持ち出した。小栗は、それも了承した。権力者に食い込むのに接待しか思い浮かばないような者には、とても真似のできない鮮やかな利八の腹芸だった。

利八の働きによって三井組への御用金は三分の一ほどに減額されることになり、三井組は創業以来のピンチを救われた。

それだけではない。幕府も中小商人への貸付け制度の創設で、時宜を得た政策だと評判をよくし、インフレ下での資金難にあえいでいた商人たちも低利融資の道が開けて安堵した。利八のおかげで四方八方が丸く収まったのである。

三井組は、この貸付け業務を推進するため新たに三井御用所というセクションを設けたが、この新設部門の責任者に何と利八を登用した。関係者の誰もがアッと驚いた破格の抜擢人事だった。天下の三井組が、利八のような氏素性の知れない小商人を採用することさえ考えられなかったのに、いきなり番頭格で迎え入れたのだ。

これが慶応二年（一八六六）十一月のことで、このとき利八は三野村利左衛門と名を改めた。したがって、以後は利左衛門の名で紹介を進めることにする。

利左衛門と小栗のコンビは、このときからさまざまな経済政策を進めていく。その手始めとなったのは、兌換《だかん》紙幣の発行だった。それまでの小判や銀貨と違って、初めて紙切れのお金が登場したのである。

幕府は、十万両の紙幣の発行を三井御用所に命じ、これ以後幕府の貿易関係の支払いにはこの紙幣を使用することとした。準備金には関税収入が充てられた。

この紙幣は江戸市中や横浜の貿易業者間にしか通用しないものだったが、さらに幕府は「関八州国内限り通用」という紙幣も発行させた。これは三年間は兌換を認めないものだったが、貿易関係だけでなく広く関東一円で通用させようという狙いがあった。幕府は、江戸市中の大手の両替商たちに、この紙幣を一店当たり三千両分ずつ交付し、そのかわりに二千両の小判を上納させるという巧妙な資金集めもやった。

ここで「幕府は」と記したところは、すべて「小栗は」と置き換えていい。幕末のこの当時、幕府の進める政策のほとんどは小栗の頭脳から生み出されたものだった。そして、その小栗を補佐し、財政面を支えていたのは利左衛門だったのである。だが、すでに幕府の威勢は大きく傾きつつあった。いかに小栗が奮闘しても、もはや復元力は失われていた。そうした情勢を、利左衛門は的確に見抜いていた。

二つの対立する勢力の狭間にあるとき。その趨勢《すうせい》を見抜くためには、まず情報の収集が何よりも大事になる。利左衛門は、幕府側から薩長勢まで、商人の立場をフルに活用して幅広く交際範囲を広げており、集めた情報を鋭く分析していたのである。

明治維新の命運を分けたのは、周知のように慶応四年（一八六八）一月三日に始まった鳥羽伏見の戦いだった。京都郊外で幕府軍と薩長軍とがついに武力衝突したのだが、当初の予想を裏切って幕府軍があっと言う間に総崩れとなってしまった。

これを見て、関西地方の人々は初めて幕府が倒れるかもしれない、と予感した。しかし、豪商、富商の世界では実はそれでは遅かったのである。

薩長勢を中心とした革命派は、討幕の掛け声だけは威勢がよかったが、肝心の軍資金がほとんど用意されていなかった。そのことを最も懸念していたのは坂本龍馬で、財政通で知られた越前藩士の三岡《みつおか》八郎を革命派に引っ張り込むことに成功した。これが龍馬の最後の〝仕事〟になってしまったのだが、この功績は大きかった。三岡は、直ちに討幕戦争に必要な資金を試算し、金集めに乗り出したのだ。

慶応三年の暮れも押し詰まったころ。三岡は京、大坂の商人たちに献金を呼びかけた。目標は三百万両と掲げたが、この呼びかけに応じたのはわずかに三店だけで、鴻池をはじめとして大半の商人たちはボイコットしてしまったのである。鳥羽伏見の戦いが起きたのは、それからわずか数日後のことだった。

三店の中には、もちろん三井組が入っていた。この呼びかけにどう対処するかで、それぞれの商店では大激論が起きたらしい。三井組も例外ではなかった。そして、その方向を決したのは利左衛門の判断だったと伝えられている。利左衛門は、三岡と親交を結んでいたのである。

緒戦に勝利したものの、薩長軍はなかなか江戸を目指して進軍できずにいた。どうしても軍資金が足りなかったのだ。三井組にも資産はあっても現金が足りず、必死になって売れるものは売り払っては千両箱を届ける、というやり繰りが続いた。

この功績が大きくものを言うのは、明治の新政府が動きだしてからのことになる。三井は財政、経済面ではほとんど独占的な地位を固め、超巨大財閥として成長していくのである。その一方で、鴻池をはじめとする商人たちは零落《れいらく》のうきめを見ることになった。

新政府は、小栗が構想した商社と同様の通商会社と、さらに為替会社を設立したが、それらの総差配司《さはいし》というポストに利左衛門を任命した。かつての利八は、今や日本の財界を代表する大物になったわけだ。

この利左衛門の処世に対して、小栗親子の大恩を忘れ、幕府を裏切ったけしからん奴だ、とする見方が当時もあったし今日まで一部残っている。小栗の旧恩よりも三井の新恩のほうに報いたのだ、とする見方もある。だが、そのどちらも違うような気がしてならない。

日本にとって何が一番大事か、ということを、利左衛門も小栗も常に考えていたように思えるのだ。鳥羽伏見の戦いの後も、二人は交際を続けていた。表向きには、すでに敵対する立場になってからも、である。その二人が話し合っていたのは、幕府のことでも三井のことでもなく、おそらく新しい日本のこと、だったのではないだろうか。

小栗上野介〈一八二七〜六八〉

なぜ赤城埋蔵金の仕掛け人にでっち上げられたか

江戸末期の幕臣、小栗上野介忠順の名はよく知られている。しかし、これほど実像とかけ離れた姿を伝えられている人物も少ないかもしれない。

小栗上野介と言えば、大方の人はまず真先に「埋蔵金」を連想するのではあるまいか。事実、小栗に絡む埋蔵金伝説は、埼玉、群馬から新潟地方のあちこちに、驚くほどたくさん残されている。幕府の勘定奉行だった小栗が、江戸城内の御金蔵から御納戸金を運んできて埋めた、という類のものがほとんどだ。

この〝小栗埋蔵金伝説〟なるものが、多くの人々に信じられるようになった背景には、やはりそれなりの理由がある。

第一に、小栗は官軍に対して主戦論者だったこと。第二に、その官軍が接収した江戸城の御金蔵が空っぽだったこと。そして第三には、江戸開城の直後に小栗が官軍によって斬首されたこと――が挙げられよう。つまり、真相は永遠の謎となってしまったのだ。

さらに言うと、小栗は埋蔵金のための設備を造ったのではないか、と思われるふしもある。これも伝説の信憑性を増幅させている理由の一つかもしれないが、彼がそのようなことを企てたとしたなら、それはいったいなぜだったのか。

小栗は、幕臣の中でもエリート中のエリートだったと言っていい。二千五百石の直参《じきさん》旗本であり、しかも安祥《あんじよう》譜代《ふだい》と呼ばれる、徳川家臣団の中でも最も格上とされる家柄の生まれである。父親は新潟奉行で没したが、小栗は幕末動乱期の徳川幕府を支える重鎮の一人として勘定、外国、陸軍、海軍などの各奉行職を歴任した。

とくに、財務大臣とも言うべき勘定奉行勝手方という職を何度も務め、最後は慶応元年（一八六五）五月から同四年一月までその職にあった。この月の初めに鳥羽伏見の戦いが起こり、将軍慶喜はさっさと大坂から江戸城へと戻ってきたのだが、小栗は、薩摩、長州の討幕軍に屈してはならぬと主張し、これが慶喜の怒りをかって免職となったのだった。

小栗が頭角を現したのは、遣米使節に任じられて渡米したときからのことになる。

この使節団は、万延《まんえん》元年（一八六〇）一月、アメリカ軍艦ポーハタン号で出帆し、九月末に帰国した。小栗は三十四歳という若さにもかかわらず、遣米使節団のナンバー3の立場だったが、これは時の大老・井伊直弼の大抜擢によるものだった。風雲急を告げてきた幕府の屋台骨を支えるには、まず有能な人材の登用が必要だ。井伊はそう考えていたのだ。

だが、その井伊は、遣米使節団が出帆して二ヵ月後に桜田門外で水戸の浪士に襲われて落命する。小栗らは帰国して初めてそうと知ったのだが、いかに大きな衝撃を受けたかは想像にかたくない。

この遣米使節団の中で、小栗は、正使、副使に次ぐ監察（目付）という役職に任じられたのだが、実は井伊から重大な密命を受けていた。それは、日米の金銀の交換比率を改めるという、きわめてむずかしい交渉をまとめることだった。

使節団の派遣は、井伊大老が調印した日米修好通商条約の批准が目的であり、この金銀交換比率を改める交渉は言わば舞台裏の作業だった。が、当時の日本にとっては、きわめて重大な意味を持っていた。

なぜなら、この交換比率が異なるために、日本の金貨（小判）が大量にアメリカに流出していたからだ。アメリカは、銀貨を持ってきて日本の金貨と交換するだけで、莫大な利益を得る状態にあったのである。

小栗は、このときの難交渉を見事にまとめ、日本からの金流出を防ぐ大きな役割を果たしたのだが、実はアメリカに赴く前、密かにある謀議がなされたと伝えられている。それは、アメリカを相手にした前代未聞の難交渉が挫折した場合の対応策だった。

正確な史料はないが、当時流出した小判は軽く一千万両を超えていたとされる。このままの事態が続けばどうなるか、という国家的な危機感はきわめて大きなものがあったのだろう。

このとき、井伊は腹心の林鶴梁《はやしかくりよう》や小栗と検討を重ね、結局は金の埋蔵以外に流出を防ぐ手だてはない、ということになったとされている。

つまりは〝土中金庫〟的な発想だが、金融システムの未発達な時代には確かにそうした方法しかなかったのかもしれない。だが、金の大量埋蔵による国内経済の混乱は、いったいどうするつもりだったのか。それはわからないが、とにかく小栗のお手柄によって幕閣がほっと胸をなで下ろしたのは間違いない。

帰国後、小栗は外国奉行となり、さらに一年後には初めて勘定奉行に任命される。その後三度にわたって任免を繰り返し、その間には新設された陸軍奉行、軍艦奉行にも任じられているが、その足跡をたどってみると、小栗の胸中には常に「国防の充実」という強い意識があったように思われる。

この当時、内憂外患という言葉が盛んに使われた。

外様雄藩から風当たりの強くなった幕府を立て直し、諸外国からの圧迫をはねのけ、日本の独立をどう守るか。幕府にとってこの二つが大きな課題だったのは確かだが、まず国防を充実させて独立性を高めれば、自ずと幕権の強化にもつながるはずだ。小栗は、そう考えていた。

国防の充実。それは軍事面だけのことではなかった。

小栗は、幕軍の洋式化を進め、鋼鉄製の軍艦（黒船）の建造を目指して製鉄・造船所の建設に着手し、さらには貿易促進のための商社の設立を進めた。これらのすべてが、国防の充実策だったと言っていい。

さらに言うと、小栗は幕府に代わる新しい政体の樹立も模索していた。

もちろん、それは薩長の討幕派が考えていたものとは大きく異なっていた。幕府よりは民主的な仕組みだが、あくまで徳川将軍家を中心としたものではあった。安祥譜代を誇る徳川家臣の限界だったと言えばそれまでだが、ただ単に頑迷な幕権強化論者、官軍に対する主戦論者だったのではない。

こうした中で、鳥羽伏見の戦いを迎えたわけだ。

薩長勢の挑発に乗って戦端を開いたものの、その先頭に錦旗の翻ったのを見て将軍慶喜は大きく動揺した。朝敵、賊軍と呼ばれることを恐れたのだ。彼の姿勢は、不戦、恭順へと一転する。

小栗は、これに激しく抵抗した。薩長軍を撃破すれば、情勢は変わる。尊皇の志をもって彼らと戦うことは、十分に可能だ。そう主張するが、慶喜はこれを受け入れず、小栗は勘定奉行職を免じられる。官軍の東下する中、小栗は所領の一つだった上州権田《ごんだ》村に別邸を建て、家族や家臣たちとともに引きこもった。慶応四年三月のことだ。

問題は、このとき江戸城内の御納戸金がどうなっていたか、である。

御納戸金というのは、家康以来江戸城内の御金蔵に蓄えられてきた大量の金を言う。一旦有事のさいに備えたもので、整形された金塊だったと伝えられている。小判に換算すれば、何百万両ぐらいだったのか。そのへんもはっきりしないのだが、とにかく巨額の軍資金だったのは間違いない。

その御納戸金が、忽然と消えた。

四月十一日。官軍が江戸城に入ったとき、御金蔵は空っぽだった。それは記録にも残っているが、不思議なのは、そのことを官軍が憤ったり、真相を追及したようすはまったくない。

この御金蔵の「鍵」は、勘定奉行勝手方が管理していた。したがって、解任された一月十五日まで小栗の手にあったのは確かだ。

だが、幕府の機構がこの後変わり、老中、奉行職などが廃止されて総裁職が設けられる。九人いた老中のうち、最後まで残った稲葉正邦《まさくに》が二月二十一日に辞任し、以後の幕府は会計総裁の大久保忠寛《ただひろ》、陸軍総裁の勝海舟、海軍総裁の矢田堀景蔵《やたほりけいぞう》という〝最後の首脳部〟に委ねられることになった。

したがって、御金蔵の鍵は、最終的には会計総裁の大久保の手にあったと考えていい。

勘定奉行は数人いたから、小栗から同僚の誰に渡ったのかは不明だが、もしそのとき御金蔵が空っぽだったなら、当然のことに大騒ぎになったはずだ。そうした紛糾は、このときも、その後もまったく起きていない。ということは、鍵が大久保へとバトンタッチされた時点まで御金蔵には御納戸金があった、と考えていいのだろう。

御金蔵の管理は、きわめて重大な任務だった。部下の目もあり、帳簿もあった。引き継ぎ事項として、吟味されたのは当然だろう。いかに断末魔の幕府でも、それぐらいのチェック機能は働いたはずだ。

そうだとすると、御納戸金は〝最後の首脳部〟によってどうにかされた、ということになるのではないか。もちろん、どさくさに紛れて懐に、という類のことではないだろうが、少なくとも小栗がどうにかした可能性よりも、はるかに大きな〝疑惑〟を覚えざるを得ないのである。

この当時、御納戸金を狙っていたのは官軍と彰義隊だった。無一文で討幕戦を始めた薩長勢は、それこそ喉から手の出るほど欲しがっていた。そして、この官軍を叩こうとしていた抗戦派の幕臣たちも、軍資金に充てようと奪取をもくろんでいたのだ。

こうした情勢に〝最後の首脳部〟は、どう対処しようとしていたか。そのことを考えるとき、彼らの人間関係を眺めてみると興味深い。

大久保は、年は少し上だが、勝に蘭学を学んだことがある。矢田堀は、長崎以来海軍を学んできた勝の後輩だ。つまり、二人とも勝には頭の上がらないところがあった。徳川幕府の最後の指導者は勝だった。官軍指導者の西郷隆盛と開城交渉に当たったのも、当然だったのだ。

この江戸開城の交渉の場で、官軍があくまで総攻撃を実行するなら江戸市中に火をかけると、勝が西郷を恫喝した話は有名だ。実際にその準備もしていたらしいが、もしかすると、切り札をもう一枚用意していたのではなかったか。

言うまでもなく、御納戸金である。これを密かに運び出しておいて、総攻撃を止めるなら引き渡すと、そう持ちかけるぐらいのことを、あの勝ならやりかねなかったような気がするのだ。

ただし、それは決して表には出せない話だった。そうした企みを彰義隊が知ったなら、もちろんただではすまなかっただろうからだ。

したがって、もし勝の思惑通りに事が順調に運んだとしても、彰義隊が〝健在〟なうちは公にできなかっただろう。が、その一方で、官軍が踏み込んだ以上、江戸城の御金蔵が空っぽだったということは公表しないわけにはいかなかった。

濡れ衣を着せるとしたら、最適の人物が上州権田村にいた。江戸開城から十一日目に、官軍は小栗追討令を発し、それから十二日目に小栗を逮捕し、その翌日家臣ともども斬首してしまう。取り調べは、いっさいなかった。

話は変わるが、赤城山麓の津久田《つくだ》ケ原というところに、不思議な言い伝えが残っている。

慶応二年の春から秋にかけて、大勢の武士たちがやってきて開墾作業を続けた。だが、九ヵ月余りもやった後に、火山灰土で耕地には向かないと言って引き揚げた。最初からわかっていたことなのに、と土地の者たちは訝ったという。

今から数年前、この土地に大型機械を投入して土中深く掘り進むさまを、テレビ番組で見た読者諸氏も多いかと思う。いったん掘った穴が埋め戻してあったり、縦坑、斜坑が何本も走っていて、いかにも埋蔵金が出てきそうな期待を視聴者に持たせたものだ。

慶応二年と言えば、小栗が勘定奉行職にあった時期である。外国の侵略戦争に備えての〝土中金庫〟の準備ぐらいは、あるいは手がけていたのかもしれない。

本書は、一九九九年七月に東京書籍より刊行された『歴史に残る18人のミステリー』に新たに原稿を追加し、再編集したものである。

著者紹介
中津文彦（なかつ　ふみひこ）
1941年、岩手県一関市生まれ。学習院大学卒。1982年、『黄金流砂』にて第28回江戸川乱歩賞受賞。歴史を題材としたミステリー、社会派推理分野で活躍。
著書に『闇の弁慶』『「独眼竜」野望の殺人』『秘刀』（以上、祥伝社）、『消えた義経』『日本史を操る興亡の方程式』『闇の関ヶ原』『おりょう残夢抄』（以上、ＰＨＰ研究所）、『政宗の天下』『龍馬の明治』『秀衡の征旗』（以上、光文社）など多数。

ＰＨＰ文庫　歴史に消された「18人のミステリー」

2003年6月18日　第1版第1刷

著　者　中津文彦
発行者　江口克彦
発行所　ＰＨＰ研究所
東京本部　〒102-8331　千代田区三番町3番地10
文庫出版部　☎03-3239-6259
普及一部　☎03-3239-6233
京都本部　〒601-8411　京都市南区西九条北ノ内町11
PHP INTERFACE　http://www.php.co.jp/
制作協力
組　版　ＰＨＰエディターズ・グループ
印刷所
製本所　図書印刷株式会社

ISBN4-569-57968-X

PHP文庫

菅原明子 マイナスイオンの秘密
菅原万美 お嬢様ルール入門
鈴木豊 「顧客満足」の基本がわかる本
スチュアート・クレイナー 金利光 訳 ウェルチ 勝者の哲学
世界博学倶楽部 「世界地理」なるほど雑学事典
世界博学倶楽部 「世界の地名」なるほど雑学事典
関裕二 古代史の秘密を握る人たち
関裕二 消された王権・物部氏の謎
関裕二 大化改新の謎
瀬島龍三 大東亜戦争の実相
全国データ愛好会 47都道府県なんでもベスト10
太平洋戦争研究会 太平洋戦争がよくわかる本
太平洋戦争研究会 日本海軍がよくわかる事典
太平洋戦争研究会 日本陸軍がよくわかる事典
多賀一史 日本海軍艦艇ハンドブック
多賀一史 日本陸海軍航空機ハンドブック
高川敏雄 「ネットビジネス」入門の入門
高嶋秀武 話のおもしろい人、つまらない人
高嶌幸広 説明上手になる本
高嶌幸広 説得上手になる本

高野澄 井伊直政
高橋勝成 ゴルフ最短上達法
高橋克彦 風の陣［立志篇］
高橋安昭 会社の数字に強くなる本
高橋和島 福島正則
高宮和彦 監修 健康常識なるほど事典
財部誠一 カルロス・ゴーンは日産をいかにして変えたか
滝川好夫 「経済図表・用語」早わかり
匠英一 監修 「しぐさと心理」のウラ読み事典
武田鏡村 前田利家の謎
武田鏡村 大いなる謎・織田信長
武光誠 古代史大逆転
田坂広志 意思決定12の心得
田島みるく 文/絵 お子様ってやつは
田島みるく 文/絵 「出産」ってやつは
立石優 范蠡
立川志の輔 選・監修 PHP研究所 編 古典落語100席
田中宇 国際情勢の事情通になれる本
田中澄江 「しつけ」の上手い親・下手な親
田中誠一 ゴルフ上達の科学

田中真澄 大リストラ時代・サラリーマン卒業宣言！
谷沢永一 こんな人生を送ってみたい
谷沢永一 渡部昇一 人生は論語に窮まる
田原紘 実践50歳からのパワーゴルフ
田原紘 上手いゴルファーはここが違う
西野広祥 中国古典百言百話2 韓非子
柘植久慶 旅順
柘植久慶 ネルソン提督
柘植久慶 戦場の名言録
帝国データバンク情報部 編 危ない会社の見分け方
出口保夫 英国紅茶の話
出口保夫 林望 イギリスはかしこい
寺林峻 服部半蔵
童門冬二 名補佐役の条件
童門冬二 宮本武蔵の人生訓
童門冬二 男の論語(上)(下)
童門冬二 上杉鷹山の経営学
徳永真一郎 明智光秀
戸部新十郎 二十五人の剣豪
戸部新十郎 信長の合戦

PHP文庫

外山滋比古　聡明な女は話がうまい
中江克己　お江戸の意外な生活事情
中江克己　お江戸の地名の意外な由来
中江克己　忠臣蔵の収支決算
長尾　剛　新釈「五輪書」
永崎一則　人はことばに励まされ、ことばで鍛えられる
永崎一則　人はことばに奮い立ち、ことばで癒される
長崎快宏　アジア・ケチケチ一人旅
長崎快宏　アジア笑って一人旅
中澤天童　名古屋の本
中島道子　柳生石舟斎宗厳《むねよし》
長瀬勝彦　うさぎにもわかる経済学
中谷彰宏　大人の恋の達人
中谷彰宏　運を味方にする達人
中谷彰宏　入社3年目までに勝負がつく77の法則
中谷彰宏　僕は君のここが好き
中谷彰宏　君のしぐさに恋をした
中谷彰宏　人生は成功するようにできている
中谷彰宏　知的な女性は、スタイルがいい。
中谷彰宏　朝に生まれ変わる50の方法

中谷彰宏　なぜ彼女にオーラを感じるのか
中谷彰宏　時間に強い人が成功する
中谷彰宏　大学時代しなければならない50のこと
中谷彰宏　運命を変える50の小さな習慣
中谷彰宏　「大人の女」のマナー
中谷彰宏　出会い運が開ける50の小さな習慣
中谷彰宏　スピード人間が成功する
中谷彰宏　大人の友達を作ろう。
中谷彰宏　うまくいくスピード営業術
中谷彰宏　人は短所で愛される
中谷彰宏　好きな映画が君と同じだった
中谷彰宏　独立するためにしなければならない50のこと
中谷彰宏　オヤジにならない60のビジネスマナー
中谷彰宏　スピード整理術
中西　安　数学が苦手な人の経営分析
中野　明　論理的に思考する技術
中原英臣
佐川　峻　「科学ニュース」の最新キーワード
永久寿夫　スラスラ読める「日本政治原論」
中村　晃　児玉源太郎
中村吉右衛門　半ズボンをはいた播磨屋

中村整史朗　尼子経久
中村幸昭　マグロは時速160キロで泳ぐ
中村祐輔 監修　遺伝子の謎を楽しむ本
中山み登り　「自立した女」になってやる。
中山庸子　「夢ノート」のつくりかた
夏坂　健　ゴルフの「奥の手」
西野武彦　「株のしくみ」がよくわかる本
西野武彦　「投資と運用」のしくみがわかる本
西野広祥　「馬と黄河と長城」の中国史
日本博学倶楽部　「歴史」の意外な結末
日本博学倶楽部　雑学大学
日本博学倶楽部　世の中の「ウラ事情」はこうなっている
日本博学倶楽部　身近な「モノ」の超意外な雑学
日本博学倶楽部　「関東」と「関西」おもしろ100番勝負
日本博学倶楽部　雑学博物館
日本博学倶楽部　歴史の「決定的瞬間」
日本博学倶楽部　戦国武将・あの人の「その後」
沼田　朗　ネコは何を思って顔を洗うのか
沼田陽一　イヌはなぜ人間になつくのか
野村敏雄　宇喜多秀家

PHP文庫

野村敏雄　大谷吉継
野村敏雄　小早川隆景
野村敏雄　秋山好古
ハイパープレス　雑学居酒屋
葉治英哉　張良
葉治英哉　松平容保
橋口玲子 監修　元気でキレイなからだのつくり方
長谷川三千子　正義の喪失
秦 郁彦 編　ゼロ戦20番勝負
畠山芳雄　人を育てる100の鉄則
花村奨　前田利家
羽生道英　佐々木道誉
浜尾実　子供のほめ方・叱り方
浜尾実　子供を伸ばす一言、ダメにする一言
浜野卓也　細川忠興
浜野卓也　黒田官兵衛
半藤一利　日本海軍の興亡
半藤一利　ドキュメント 太平洋戦争への道
半藤一利　完本・列伝 太平洋戦争
半藤一利　レイテ沖海戦

PHPエディターズ・グループ　図解「パソコン入門」の入門
PHPエディターズ・グループ　図解パソコンでグラフ・表づくり
PHP研究所 編　本田宗一郎「一日一話」
PHP総合研究所 編　松下幸之助 若き社会人に贈ることば
PHP総合研究所 編　松下幸之助「一日一話」
火坂雅志　魔界都市・京都の謎
日野原重明　いのちの器〈新装版〉
平井信義　子どもを叱る前に読む本
平井信義　5歳までのゆっくり子育て
平井信義　親がすべきこと・してはいけないこと
平井信義　子どもの能力の見つけ方・伸ばし方
平尾誠二　「知」のスピードが壁を破る
平川陽一　超古代大陸文明の謎
平川陽一　世界遺産・封印されたミステリー
ビル・トッテン　アングロサクソンは人間を不幸にする
福井栄一　上《かみ》方《がた》学
福島哲史　「書く力」が身につく本
藤井龍二　「ロングセラー商品」誕生物語
藤本義一・丹波元　大阪人と日本人
藤原瑠美　ボケママからの贈りもの

淵田美津雄　真珠湾攻撃
北條恒一　〈改訂版〉「株式会社」のすべてがわかる本
保阪正康　太平洋戦争の失敗・10のポイント
保阪正康　昭和史がわかる55のポイント
星亮一　浅井長政
本間正人　「コーチング」に強くなる本
毎日新聞社　話のネタ
前垣和義　東京と大阪・「味」のなるほど比較事典
マザー・テレサ　渡辺和子 訳　マザー・テレサ 愛と祈りのことば
松井今朝子　東洲しゃらくさし
松下幸之助　若さに贈る
松下幸之助　経営心得帖
松下幸之助　社員心得帖
松下幸之助　人生心得帖
松下幸之助　物の見方 考え方
松下幸之助　指導者の条件
松下幸之助　社員稼業
松下幸之助　松下幸之助 経営語録
松田十刻　東条英機
松野宗純　幸せは我が庭にあり